母

昭和と平成の残像

瀬川久志

お断り

本書はノンフィクションですが、一部に個人情報に配慮して背景ならびに情況設定を変えているところがあります。また、現在からすると不適切な表現と解されるところもありますが、時代背景の描写のためにあえてそのまま用いました。なんらの中傷や悪意があるものではありません。

目次

はじめに

この本は、私の母が生きた時代背景をモチーフに、母の子どもである私の母に対する思い出と、最近の交流を記した日記です。つれづれなるままに書き留めた日記で、何の装飾や創作も施してはいません。ですから、ありのままを記した日記か、エッセイ、大げさに言えばノンフィクションということになりますか。とはいえ、母の教えの重要さを同時代の世代と共有しながら述べるとともに、若い世代に伝える目的を持っています。あまりにも乱れすぎた今の世の中に、もう一度母の背中で学んだ大事なことをかみ締めてみる、そんな趣旨からこの本は書かれています。

一日の出来事を、その日の寝る前に机の前に座して書き記すという日記のスタイルから見ると、事実の追加や飾り、尾ひれが多いことは事実です。また母の存在を通してみた世相や世相の変化、そして僭越ですが、未来像を盛り込んでいます。その意図はこの日記をお読みいただければ、おくみ取りいただけることですが、まず、その点をお断りしておきたいと思います。

私は六七歳、人生黄昏といったステージにいます。母は八七歳、会うたびに弱気なことを言うので、もうひと花咲かせてよ、などと励ますのですが、人生は終局へ向かっています。ちょうど二〇歳違う親子です。母は、農家の長女として昭和三年に生まれ、一九の年で、父親の妙勝寺という寺院へ嫁ぎ、現在に至っています。私は、母が二〇歳の時に生まれた男の子です。母には、私のほかには、延子という娘があり、これが、私の一つ下ですので、母は二〇歳、二一歳と続けて出産し、子どもは二人だけです。いまで言う、少子化の先駆けです。でも、これには事情がありました。

私は、大学教師を職業としていて、普段学生の前では、やれ授業態度が悪いの、勉強をしないの、就活をしないのと叱ってばかりいるのですが、いったん母の前へ出ると、逆に叱られることを気にしている、ただの子どもにすぎません。それでも母のことは好きです。

私の父親、つまり母の夫は一行と言い、寺院の住職をしていましたが、二〇一二年一月二七日、永遠の眠りにつきました。母の名前は冨美子と言います。冨は普通「富」と書くのですが、戸籍に登録されたのは冨美子です。このことについて、父親の一行は生前このように言ったことがあります。

「点がないのは（冨美子の）おじいさんが届けたときに、うっかり点を忘れたんじゃろう」

と。これに対して母は、

「『富』の字の上に点があると名前がよすぎるけん、これでええ」

と、言います。以下母のことは母、父親のことは父と呼ぶことにします。母、父親ということもあります。父の会話が方言になっていますが、それは、この日記の舞台が、岡山県北の地方都市、津山市だからです。岡山から、北へ六〇キロほどいったところにある山間の町です。そこの言葉は、津山弁とか美作弁と言って、ものすごく聞きづらくてわかりにくい方言です。この日記は、標準語で書きますが、地元の人たちの会話は、臨場感を出すために、お国言葉としました。

母が生きた青春時代は、もちろん太平洋戦争です。青春時代というのは、人の一生でどういう時代なのでしょうか。それは、人それぞれでしょうが、私が胸にじっと手を当てて回想すると、やはり、それは何かにつけて多感な時代で、その後の人生を決定づける様々な経験をして、日一日と逞しくなっていく時期ではないでしょうか。心の成長と言いますか。

その中では、経験や学習に続いて、おそらく恋愛が重要な要素を占めていると思います。恋愛はそれが実るか否かは別にして、その人の人生の糧になり、精神生活を大きく左右します。人生とは何か、真実とは何か、愛は永遠に、世界はどうあるべきか、こういったことを、いちずに考えて行動に移し、試行錯誤を繰り返すのが青春時代、誰もが経験することなのではないでしょうか。

母は、昭和三年生まれ、アメリカに大恐慌が起きる前の年です。ですから、生まれてから物心がつくころまでは、農村恐慌の真っただ中——貧しい農村——で成長していくわけです。

その後、二・二六事件（昭和一一年）、シナ事変（同一二年）、日中戦争（同一二年—二〇年）、真珠湾攻撃（太平洋戦争開戦、昭和一六年）と、時代は戦争一色になっていきます。一九四一年の日本軍による真珠湾攻撃の年は、母は一三歳です。人生で一番輝きを増す年頃です。そして、もっと輝きを増すにしたがって、戦争は泥沼化し、昭和一七年四月（一四歳）、今でいう女子高等学校に入学し、昭和一九（一九四四）年四月には近くの軍需工場（郡是）へ、学徒勤労動員で働きに出、寮住まいをしながら、飛行機（一式爆撃機）の生産に従事します。海軍を統括した山本五十六元帥が、戦死したときに乗っていたあの一式爆撃機です。

そして、翌昭和二〇（一九四五）年八月一五日、勤務していた警察署で、天皇陛下の玉音放送を聞いて、終戦を知ることになります。昭和二〇年三月、軍需工場での勤労が年季明けになってから、服飾関係の教師になりたくて、専修課程へ進学希望だったのですが、家にはお金がないので、これをあきらめて津山警察署へ就職したのでした。

昭和二一（一九四六）年五月、満州から引き揚げてきた父と、翌昭和二二年に結婚します。もちろん見合い結婚です。当時は、女性が伴侶――結婚相手のこと――を選ぶ余裕などなかったのです。それは本文で詳しく説明します。そして、翌昭和二三（一九四八）年八月、私が生まれ、翌年一〇月には、妹が誕生しました。

妹の延子は、東京の短大卒業後、早くに結婚し、子どもを四人もうけましたので、働く妹に代わって孫の子育てが始まるのでした。嫁いだ先は寺院ですので、お寺の主婦としての仕事もあります。お寺の主婦のことを「寺庭婦人」とか「坊守」と言います。この本の主題になっていますので、この言葉をしっかり覚えてください。なぜ、妹の嫁いだ先の母が孫の面倒を見ないのか、これも追って説明します。

後者の房守という言葉は、女性の僧侶を含んだ言い方です。母は嫁いだ妙勝寺の寺庭婦人として、瀬川家の主婦として、また寺院では児童養護施設を経営していましたから、戦後の時代を一人三役で波乱万丈の人生を送ってきたのでした。

そんな肩書きの多い母を見ながら育って、私が、なんという肩身の狭い思いをしたか、うらみつらみを今なお根に持っているのです。母本人は、きっと「それはおおげさじゃ」と言うに違いありませんが、このことは事実です。児童養護施設は、立正青葉学園といいます。寺院が日蓮宗なので、日蓮さんの代表的著書『立正安国論』の立正を取って、立正青葉学園と命名されました。『立正安国論』は、日蓮聖人が北条時頼に提出した文書とされています。もちろん、私は、同書を読んだことはありません。私の寺院、仏教に対する屈折した感情も、追って述べていきます。

そして妹の長女――法子と言います――もまた早くに結婚し、子どもを三人もうけましたので、ひ孫の世話へと連続的に移ります。今、ひ孫はすくすくと育っています。そして、今年、二〇一六年で八八歳になります。足が不自由なのを除けば、まだまだ元気です。私も、高齢者介護の介護保険手帳の交付を受けました。高齢者の仲間入りです。

私は、母が生きた時代背景を踏まえた、私との物語を書こうとして、今から四年前、父親の死を契機にして『碧空日記』という手記を書き、「Ⅰ」から「Ⅳ」までの連載（Ⅲは未完——前立腺癌と闘うために執筆を中断——）でａｍａｚｏｎ ＫＤＰから電子出版しました。その動機や構想は既刊の電子本に述べましたが、この紙媒体の本では内容を一新し、昭和と平成の残像という視点を追加してまとめました。

太平洋戦争と日本、そして母が生まれ育った地域社会のことを調べ、私は、『碧空日記』の中で、母に生きてきた時代について語らせ、『昭和平成史研究序説』という、やはり同じく電子出版の中で一応の成果をまとめました。この本は歴史書の形をとっています。一九四〇年体制ということがテーマになっています。国家総動員体制と言い換えればいいかと思います。

あらゆる社会的資源や制度が、天皇制を頂点とする大東亜共栄圏構築へ向けて総動員されて戦争へ突入していく。戦後も、この体制が基本的に温存されて、高度成長の政治経済体制を作り出していく。この体制の変革なくして日本の将来はない、そんな内容です。母の眼から見た昭和と平成はどんな時代だったのか、私は、母のもとに通い懐かしい昔話をしながら学びました。『母　昭和と平成の残像』は、ミクロの昭和平成史研究ということになります。

親孝行と思い、足しげく母のもとに通い、本を読み、資料を当たりながら、また寺院に残っている戦争関係の資料も考証しながら、昭和と平成の時代のことを考えたのでした。母は、私と会うと喜んでくれます。この母詣でが始まったのは、父親が、平成二四（二〇一二）年一月二七日に、九三歳で他界してからのことです。大往生でした。

平成二二年、私は念願の博士号を取得、気分的に楽になったことも手伝って、父親が亡くなったのを機に、『碧空日記』を書くことになりました。これは、きっと母をもつ男にしかわからない心境だと思います。『碧空日記』では、この心境についても触れています。しかし、ああ運命のなせるいたずらか、私は前立腺癌という、恐ろしい癌に冒されてしまいました。『母　昭和と平成の残像』では、この心境を、日本的エディプス・コンプレックスという形で表現しました。

どうでしょうか、時代と時代背景はまさしくノンフィクションです。そして、母の人生の一コマ一コマも、またノンフィクションです。しかし、上に書いた狙いを生かすためには、フィクションにしなければなりませんでした。こうした努力の甲斐あってか、また母の記憶に助けられて、太平洋戦争終戦までを扱った小説『青空が輝くとき』を完成することが出来、ブイツーソリューションから発行しました。大家族の中で、お互いにいたわりあいながら成長し、かけがえのない絆を形成していく中心に母が位置していました。このような、母の愛についても触れるつもりです。

そして、電子出版という中途半端な出版ではなく、きちんとした紙媒体の本にしたいと考え、今回、『碧空日記』に大幅な加筆修正を加えて出版するという運びになりました。

出版とあわせて、母の肖像画を描くことを、労を厭わず進んで引き受けてくださった、岡山県久米郡在住の画家の櫻井節子さんに、感謝しなければなりません。櫻井さんは、岡山県久米南町のアトリエで、人物画、風景画の創作に取り組んでおられます。趣味はスポーツ観戦やスケッチ旅行で、つい最近もイタリアへ外遊されたそうです。岡山県北展ほかグループ展などに出展されており、ご自宅が法然上人出生の地、誕生寺に程近いことから知り合いになり母の絵を描いていただきました。肖像画の写真は、本書の裏表紙の見返しに収録することができました。私の大学の学監の田中祥祐氏からは、祖父と父の遺品の形で発見された、お寺の歴史的所蔵文書などの意味することについて、実に多くのことを教えていただきました。祥祐氏の教示から得られた知見によって、本書の内容が充実したことは、本当に感謝の至りです。

妹の延子から聞かされた、母に関する数知れない思い出話がなければ、この本は決して書くことが出来なかったでしょう。法子や陽平からも、母のエピソードを聞くことができ、大変参考になりました。母の甥である江見喜一君からは、母の生家である江見家に関する貴重な話を聞くことができ、母のいわば背骨に当たる部分の記述になっています。最後に本書の出版を引き受けてくださった、ブイツーソリューション出版部の伊藤さんには、筆者のつたない文章を、すばらしい書物に仕上げる仕事をしていただき、労いたいと思います。

前置きが長くなりましたが、それでは物語を始めたいと思います。日記は母の長年連れ添った最愛の人、父の死から始まります。

二〇一六（平成二八）年六月一五日

第一部　父の死

序章　雪景色は母の香り

父の死

二〇一二年一月二七日。暖冬傾向が続く冬の間、肺炎を患っていた一行――法名なので「いちぎょう」と読みます。幼名は一守といいました――さんが、めっきり体力と気力を喪失し、正月が明けてから、延子から「もう長くないよ」という電話が、たびたびかかってきていました。

私は、延子の見立てに相槌を打ちながらも、まさかという気持ちがあり、この冬を乗り越えてくれれば、桜の咲くころには元気になると、淡い期待を抱きながら、週に一度くらいの割で津山に帰って行きました。

しかし、延子の心配は的中しました。父は、二〇一二年一月二七日、金曜日の正午頃、永遠の眠りについたのです。危篤との連絡で、取るものもとりあえず大急ぎで藤枝を出て、白い布を顔に覆われた父のもとに駆けつけたのが、寒さで凍てつくような夜でした。ほんの数日前に会ったときに、「元気を出せ」と手を握り締めたのが、まるで嘘のようでした。「俺は先に行く。達者で暮らせ、お母さんをよろしくな」という無言の鼓動が、握り締めた手に伝わったようでした。

私は、その時、すでに死を覚悟していた父と、最後の別れをしたと思っていたので、この臨終の場では、さしたる感慨はありませんでした。私が長い、長い日記を書き始めたのは、父が死んでから七日目、初七日が終わった夜のことでした。でも、この気持ちは、なかなか読者の皆さんには、わかっていただけないかもしれません。しかしながら、この父との別れが、こうして、私に対して「母」という題名のつたない小説を書かせる直接的な源となったことは、告白しておかなければならない、紛れもない事実であります。

その間の事情は、次の通りでした。あわただしく弔いの儀式が過ぎて行き、こうして当時の手記を整理していても、一部始終を思い出すことができません。まったくあっという間の出来事でした。

一月三〇日（月）通夜
三一日（火）故人の希望により密葬
二月二日（木）初七日
と、あわただしく過ぎていきました。

こうして、二〇一二年二月八日（水）の日付で、「雪景色は母の香り」という日記が書かれています。大学は学期末なので、年中恒例の四年生の卒業研究の発表会です。大学は、愛知県みよし市にあります。発表会は一五時に終了、新幹線にて津山へ向かいます。車は津山に置いてあります。ホテルは、いつものＪＲ津山駅前のアルファ・ワンに予約しました。夜九時六分発の、岡山発津山行きの上り各駅停車に乗れるかどうかという微妙な時間です。ちなみに、岡山から津山線で津山へ向かう列車は「上り」の扱いになります。新幹線から在来までのコンコースを急いで歩いたので、その列車に乗ることができました。

妹の延子からの連絡で、「ばあさんは、風邪気味で早く寝る」とのことです。今、私のなかにある心配事は、連れ添いの死で、気落ちして道連れになることです。そんなことがあってはいけません。ホテルでゆっくりして、明日、早朝行くことにしました。ばあさんとは、私の母――瀬川冨美子――のことで、私の父親の一行と六三年間連れ添ったのです。

ここへきて、ついに先立たれ、気落ちして、寝込んでしまったかのようです。咳こむ風邪に苦しそうですが、してやれることも、あまりありません。というよりも、長い間別々に生活していたので、労わる気持ちとなす術を忘れていたのです。

そうです、私は、この時から母と子どもの関係を取り戻したい、強い衝動に駆られるようになりました。この感情が、体のどこから出てきたのか分かりませんが、兎に角、この慟哭にも似た強い感情に支配されるようになりました。父親の死を悲しむまもなく、このような感情のとりこになるなど、考えてもみませんでした。私が『碧空日記』を書こうと思ったときの主題は、このような感情を淡々と綴っていくことでした。それは、今でも変わりありません。でも、それはそんなに単純な感情ではありません。

期せずして、私は、この父親の死を境に、母への想いをもう一度確かめ、見直すこととなったのでした。その意味で、私の人生の中で大きな転機が来たようです。日記に記録をまとめて行く余裕が生まれたとも言えるかもしれません。私は、中学から高校へかけて中断しながらも日記をつけていました。今その日記を読み返してみて、幼稚さと面白さで吹き出してしまうのですが、ある意味で日記の再開といえるかもしれません。

話は前後しますが、それは、父の死からちょうど半年がたった、七月二七日のことです。私は日記を整理し、母への想いを綴る長い旅に出ることにしました。初盆は、八月二五日に行うことになりました。男の子どもにとって、母とは一体どういう存在なのでしょうか。それは、私ならずとも、誰にだって分かりきっていることなのでしょうが、実は誰にも分からない、いや分かろうとしない、永遠のテーマなのかもしれません。私は、この手記の中でそのことを真剣に考えてみたいと思います。

二月九日、木曜日。津山は一面雪景色です。私は子どもの頃に、よく雪の中で遊んだことを思い出します。朝ごはんを食べ終わると、妹と外へ飛んで出るのですが、母から、「手袋をしんちゃい。しもやけになるで」と大声で怒鳴られました。

雪が降りしきるのですが、駅前の国道に積雪はありません。気温はそう低くないようです。朝食を済ませて、さっそく、歩いて実家のお寺に行くと、母は風邪が気管支に来ていて、ゴホンゴホンと咳こんでいます。

「病院は明日行く」と言いますが、かなり苦しそうです。私の実家は、すでにお話ししたように日蓮宗の寺院で、母は、太平洋戦争が終わって、満州から復員してきた父と、昭和二二年に結婚したのでした。母一九歳の年です。私が昭和二三年生まれの長男、妹の延子が二四年生まれの長女、二人きりの兄妹です。

実は、母は、私が中学校二年生くらいの頃、もうひとり、男の子どもを身ごもったのですが、運悪く流産して死んでしまいました。私は、父から、産後にはスイカが体に良いからと、病院へ持っていくように言われたのを覚えています。母は、病院のベッドに寝巻きを着て座っていて、とても喜んだのを覚えています。光井病院という産婦人科でした。この病院は今もあります。水子の墓は、妙勝寺の瀬川家の墓所の一角に今もあり、位牌は、私の自宅の、小さな仏壇の中に安置してあります。

母は、昭和三（一九二八）年生まれ、日中戦争が始まろうとする時期で、年を追うごとに、戦時色が強くなった時代のことでした。もの心ついた頃から青春までを、ずっと戦争とともにすごしてきたわけです。

戦後生まれの私たちは、終戦後間もない頃で、確かに食料や生活必需品は不足していましたが、戦争や社会的な混乱のない——といっても公害や、反安保闘争、学園紛争など、ある意味で戦争よりも根の深い社会的混乱はありましたが——本当に良い時代に生まれ育ったものです。

私が生まれた昭和二三年は、確か、まだ配給制度が残っていたはずで、私は米軍の供給してくれた練乳で育ったと聞いています。私は、子どもの頃、からだが弱く、胃腸の調子が悪かったことを覚えていますが、それが練乳のせいではなかったかと今でも記憶しています。質の悪いミルクです。今の若い人たちに、こんなことを言っても多分わからないでしょう。

父の死後、早速、私は市内の社会保険事務所で、遺族年金の手続きを済ませました。といっても、戸籍謄本がまだ発行されていないので、次の週に再提出することになりました。そして、郵便局へ行って、父の残した、定期預金の相続手続きに必要な書類をもらいました。中請書類を揃えて手続きする、三段階になっています。ば様——とそう呼ぶことがあります——は、「早く医者に診てもらうように」と私が強く言うと、「寒いし内科の河原先生が木曜の午後は休診なので明日行く」と、言っているらしいのです。

爺さんに劣らず、頑固なところがあります。父の最期を見とり、死亡診断書を出してくださった「先生にお礼に行ってくれたか」と、しきりに気にしています。河原先生は、母の主治医でもあり、全幅の信頼を置いているようです。

飼い猫の雌猫の「みーみー」は、まだ様子が変だなと、うろうろしています。みーみーは、お爺さんが可愛がっていた猫で、主人が死んだことを、まだ受け入れていないようです。「じいさんはどこへ行ったのだ」と探しています。

一三時三九分発の津山線の快速で、いったん藤枝に帰ることにしました。雪がぽっぽぽっぽと降ってきました。写真は、ホテルの部屋から撮った津山駅の転車台です。現存する、日本国内でも珍しい転車台です。後ろ髪を引かれるとは、こういうことを言うのでしょう。

二月初旬から中旬にかけての雪は、津山では決して珍しいことではありません。くすんだ街並みを覆い隠し、何十年前もこんな風景だったと錯覚させるような雪、それは母の香りなんです。

「どうして帰るんじゃ、もうちょっとおって（いて）くれ」

母が引き止める手を振り切る思いで、母のもとを去りました。

結局、法子——延子の長女で寺院の経営する児童養護施設「立正青葉学園」の

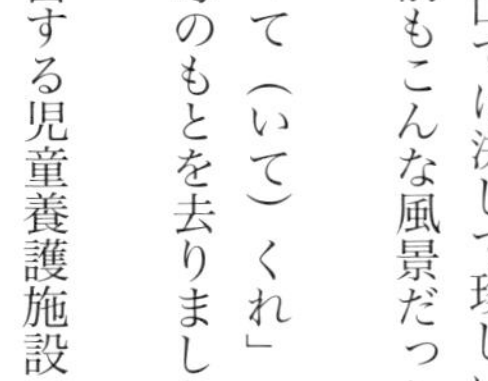

職員をしています——からのメールで、「ばあばんはインフルエンザでした。また来週見舞いに来て下さい」ということでした。私はこの頃、母が、父親のあとを追って、死んでしまうのではないかという、恐怖感にとりつかれていました。そんな邪念を払いのけ、土曜に、大学院入試が終わったら行くかなと、予定を立てました。

第一章　憐憫の情は薄紅色

憐憫の情は薄紅

二月一〇日、金曜日。大学では、もう授業がないので、津山から名古屋によらないで、自宅の静岡県藤枝市に戻ってきました。そして翌日、藤枝市から、勤務校・東海学園大学のある、愛知県みよし市へ移動しました。毎年同じことを繰り返して、はや一七年目を迎えています。一七年というのは、今の大学に勤務し始めて一七年ということです。それまでは、国立の静岡大学の短期大学部にいました。

二月一一日、土曜日。早朝、延子からのメールで、「タミフルが効いてきた」と連絡がありました。これで、一応安心です。年寄りは寒さに弱いから心配です。大学での用事を済ませて、私は、いつものように名古屋駅から新幹線に乗り、岡山へ向かいました。名古屋から岡山を経由して津山へ行くのは、地理に詳しくない人が想像するほど、遠いものではありません。名古屋から岡山へは、のぞみ号に乗れば二時間弱で着きます。岡山駅からは、ＪＲ津山線の快速で一時間ちょっと、ですから正味三時間弱で着いてしまいます。三時間で、目の前の景色が、コンクリート・ジャングルから、夏場ですと、目に優しい緑の絨毯に変わります。コンクリートの灰色が、一転、若葉の薄緑色に変わるところを想像してみてください。

ＪＲ津山駅から母のいるお寺――妙勝寺――までは、タクシーで七、八分くらいです。ホテルはいつものアルファ・ワンです。私がなぜ母のいるお寺に泊まらないか、その理由は追って説明します。

そこに、小説を書く気になった主題があるのですが、よく整理しないと書けません。ただ、表面上はこういうことです。わたしは、この寺に昭和二三年に生まれて、大学へ入学するまでずっとそこで育ちました。そして大学から大学院へ、大学院を修了して国立の静岡大学へ就職して、現在は私立の東海学園大学で教員をしています。

大学の教員という仕事は結構暇（と言っても遊んでいるわけでなく、自由に時間が使えるという意味です）があるものですから、生まれ故郷の津山市へはよく帰っていました。つまり、実家のお寺にはよく帰っていました。ですから、このお寺は、私にとって懐かしい場所なのです。

家なき子は萌葱色

私の母は、このお寺で、まだ軽い仕事をしながら頑張っています。「遠慮しないで、お寺に泊まったらいいじゃないか」というかもしれません。でも、それができないのです。私は、父親が他界した前年、二〇一一年、父親の一行が住職を後継者に譲ってから、ずっとホテルに泊まっています。住職の代が変わったので、自分の家ではなくなったと判断したのです。つまり、結論から言うと、私は帰る家のないホームレスになったのです。私が生まれた故郷は今もそこにあり、街並みも城郭も山並みも川も、相変わらずそこにあります。

他人のお寺に、そうそうたやすく泊まるわけにはいきません。仏教寺院というのは宗教法人による経営なので、住職のものでも、また住職の妻のものでもないのです。たとえ母が暮らしていてもです。お寺というところはそういうところなのです。

実際、父親の一行も死の直前に、母に、私の暮らす藤枝へ行くように勧めていたといいます。臨終の間際に、私の住んでいる静岡県藤枝に、新しい家を建てようと言ったことがありますが、それは、妻の行き先を確保するためだったのでしょう。もちろん、その申し出を、私は断りました。藤枝の家は、新築したばかりなので。

母には、

「ホテルの方が自由がきくから」

と、説明してあります。それもありますが、決して私の真意ではありません。まだ、この物語は始まったばかりであり、ゆっくりと気持ちを整理しながら書き記したいと思います。

ともあれ、母が床に伏せっているので、起こしても可哀想だと思い、その日は、そのままホテルに向かい、風呂に入って温まりました。私は、「夫」という強い影響力を持った連れ添いを失った母が不憫でなりません。今、私は、「遺産整理」を名目にして、ふるさとへ帰っているのですが、その名目の下に、不憫に思われてしまうのない母に、会いに帰っているのです。なぜ不憫に思うのでしょうか。

男の子が母を不憫だと思う理由は、実は、私にもよくわからないのです。そのような気持ちになったのは、生まれて初めてですから。憐憫の情といってもいいと思います。もちろん後に記すように、私が高校の一年生のときに、父親との不和に悩む母に「不憫」を感じたことはありますが、そのときの感情とは全然違います。当分は、その自然な気持ちに逆らわないようにしたいと思いました。次に、私と母がとてもよく似ているということについて筆を進めてみます。

二月一二日、日曜日。朝、母のもとへ駆けつけてみると、台所の椅子にちょこんと座って食べ物をつついています。まずは、安心しました。風邪は快方へ向かっているようです。昼過ぎまで、話を聞いてやって過ごしました。まあ、ほとんどが同じ事の繰り返しなのですが。中には、愚痴もあります。

「法子が当番医の病院を見つけてくれたけん、行って薬をもろうて飲んだらようなった。あんたが帰ってからがつらかったで」

と、言います。母の言葉は方言で記します。理解に苦しむ言葉は、括弧内に標準語で解説を入れます。

「美子――延子の次女――が大阪から帰っとる。律――法子の長男で小学校三年生――の誕生日の記念に、写真館へ写真を撮りに行ってくれえと言われとる」

と、元気なそぶりを見せます。ひ孫のことになると元気が出るのです。まずは安心です。自分に縁のない家族関係は理解しづらいので、そのつど説明を入れます。

「おじいさんとは、死ぬ前の一週間、手をさすったり揉んだりした。おらんようになってしもうた。まだ、じいさんの呼び声が聞こえる」

などとつぶやきます。

どうか写真を見てください。病み上がりでぱっとしませんね。普段はもっと美人なのですが。

母は、津山を一度も出たことがなくて、標準語は話しません。標準語で話しかけたり、答えたりするとわかりません。

昭和池はダックブルー

「毎朝、おじいさんの仏壇にお線香をあげよる（あげている）。四十九日は内輪だけで、親戚は呼ばんのじゃろ？」

と、四十九日のことを心配します。お寺に住んでいるので、普通の人が経験するような、あのわずらわしいお寺との法事の交渉にいかなくてもいいのですが、やはり気になります。

「吉崎さんは中央病院じゃろ？　風邪が治ったら見舞いにいかんとな」

などと話をします。吉崎さんは、長いあいだ妙勝寺の総代会長を務めた方で、温厚な紳士です。母は、随分吉崎さんのことを心配しています。台所の流しに立って急に、

「ロビンソン・クルーソー」と言うので、

「三月に出るよ」

と言うと、

「その本、私にも分かるんか」

と、聞きます。何のことかというと、『ロビンソン・クルーソーの経済学』という私の本のことで、大学の授業の教科書に、私が出版を進めてきた本のことです。出版を楽しみにしてくれているようで、嬉しい思いがしました。この本は、父の一行が生きているうちに出版したかったのですが、校正に手間取ってとうとう間に合いませんでした。

「誰でもわかるよ。ロビンソン・クルーソーのように、お金を当てにせずに、人生を乗り切る本だよ」

と言うと、

「ほう、そうか。カネのない国へ行きたいとは、昔からよう言ようたが」

と、返ってきます。

テレビから、グループ・サウンズのタイガースが、再結成して、リサイタルした様子が放映されています。テレビを見て、懐かしそうに、

「沢田研二は太った。岸部シローは知っとる。この人は全然変わらん」

などとつぶやいています。

「あんたは、もう歌はやらんのか」

と、聞きます。「もう年だから」と答えると、遠くを見るような目つきをします。私は、現在の勤務校の東海学園大学に移ってから間もなくして、同僚とロックバンドを組み、ギターを弾いていたことがあり、母はそのことを言っているのです。

その当時は、私は五〇歳過ぎの若さだったので、気力があったのですが、もう、歌やバンドなどやるエネルギーはありません。ギターを、ほそぼそと奏で、時折作った曲をユー・チューブなどにアップして、自分で聞いて楽しむくらいです。

天満屋《てんまや》――もとは岡山のデパートで、津山の中心市街地再開発事業の一環で進出してきた――で、昼ご飯に菜の花の佃煮とワカサギの唐揚げを買って帰ると、箸をつけていました。私のかつ丼の残りにも箸をつけました。食欲があります。病気は治っているようです。「よかった、よかった」と言って、一緒にご飯を食べました。

昼から、昭和池――津山市の北東の郊外にある灌漑用の人造池――へ行ってみました。最近、工事が行われたようですが、昔のままの景色を保っています。景色が萌えるような緑に包まれるのは、もうしばらくしてからです。昭和池のすぐ下に岡春恵さん――この女性のことについてもおいおい記します――の生家がまだ健在でした。あの人は、確か一人娘だったと思いましたが。どうしているのでしょうか？　記憶は確実に薄れています。

いったんホテルへ戻り、暗くなってからお寺へ行くと、なんと玄関の明かりが消えて鍵がかかっています。延子に電話をすると、「インターホンを押すと出て来る」といいますが、何度押しても出てきません。それでもしつこく押すと、やっと出てきました。台所に入って、

「昭和池に行ってきたよ。近くに岡春恵さんの家があった」

と言うと、

「あの人と結婚しとれば良かったのに」

と、いきなり私をからかいます。岡さんは、私の母校津山高校の一級上の人で、優しい先輩でし

た。なんとなく女優の吉永小百合に似た人でした。私のひいき眼ですが。お寺に遊びに来てくれて、母と仲良さそうに話していたのを、今でも鮮明に覚えています。

とにかく、母は歯に衣着せぬ調子でよくしゃべります。生活の支えである父を失って、代わりになるつっかえ棒を、私に求めているのかもしれません。昔の話になりますが、母は私に、

「あんたの嫁さんには、私に意中の人がおったのに」

と、語ったことがあります。その時は、「ああそう」ですましたのですが、私は母の心に抱いた「意中の人」は、岡春江さんだと推測していました。それがそうだと分かって、実は安心したのでした。岡さんとつき合っていたのは、高校二年から三年にかけてで、「意中の人」と決めつけられても迷惑な話なのですが、今頃になって、胸のうちを明かすなんて実に不思議なことです。

「可愛い娘じゃった。もう昔の話じゃ」

と、懐かしそうに言います。

「布団を敷いちゃるけえ、泊まっていけえ」

と誘われますが、早々にホテルへ帰り、就寝しました。母の風邪が治り、安心したせいかよく眠ることができました。岡さんとは、高校二年生の時に吉永小百合、浜田光夫主演の『愛と死を見つめて』という映画を見に行ったことがあります。隣にいた岡さんも涙を流して見ていたのを覚えています。

私は、母には悪いのですが、岡さんとのつき合いをやめ、結婚しなくてよかったと思います。その理由は、読者の皆さまがたにはわかっていただけると思います。本書は「日記」ですので、こんなつまらない話にも、つき合っていただけたら幸いです。

灰汁色の相続手続き

二月一三日、月曜日。信用金庫の預金通帳の相続手続き書類に、母にたくさん字を書いてもらいました。誤字脱字があります。加齢で目が薄いのと、こういった書類を書く事に慣れていないせいなのでしょう。どうしても、私がサポートしなければなりません。だいたい書類の字が小さすぎます。こんな小さな字を、八〇を過ぎた高齢者が判読できるはずはありません。

母は口癖のようにこう言います。

「延子はしっかりしとる」

「延子は死んだハナさん似じゃ」

と言いますが、これには参りました。ハナさんというのは、母の夫の一行の母で、ここ津山市には、神奈川県の相原というところから嫁いできたのでした。私の記憶でも、ちょっと意地悪なところはあったような記憶があります。

響《ひびき》——法子の長男——に勉強机を買ってやったらしいのです。このように、母は、異常なほどひ孫を可愛がるのです。延子はこれを「溺愛」と言います。

延子が私に「今晩は泊まって一緒に寝てあげて」と言います。しかし、私は、もうお寺には寝ないことにしています。「婆さんが嫌がるだろう。また来るからね」と言うと、「来んでもええ」と憎まれ口をききます。

「河原先生のところには私が行く」と言って、じいさんの形見の洋服を私に着るように盛んに勧めます。一体全体、母は、ノーベル平和賞を受賞したワンガリー・マータイさん（故人）よろしく、モノを大事にする人なのですが、自分の夫の洋服を息子に着せる心境は理解しかねます。背広を中心に、高価なものを、ほとんど袖を通すことなく残しているので、私は形見としてもらいうけることにしました。防寒コートは非常に良い品です。

母の言葉は棘さす紅赤

テレビのニュースで、天皇陛下の心臓のバイパス手術が近く行われることが報じられています。東日本大震災の一周年追悼式に出席するためなのでしょう。

「平成のあとはどうなるんだろう」

と言うと、

「皇太子はええけど雅子様はいけん（だめだ）」

と、言います。このように話がずれるのをうまくつなげることが大事です。「三笠宮の夫婦のほうがええ」と言います。母はよく見ています。

「なんで」と聞くと、

「雅子様は体が弱い」

と、はっきりと言います。「皇太子を支えてあげられなくて、何が皇太子妃か」とでも言いたげです。母は昭和の女なのです。でもこれは問題発言です。この晩は、このような会話がありました。

そして、私は翌日藤枝へ帰りました。私は、ただ単に親孝行やこれまでの罪滅ぼしのために会いに帰るのではなく、母子の間に新しい一ページを創るために帰るのです。私は、一八歳で母のもとを離れて、東京へ出て、大学教授という職を得て今日に至っています。その間、母子関係は空白なのです。もちろん、行ったり来たりはしていました。

「あんたとは一八年しか一緒にいられなんだ」

という、団欒の合間の母の声が今も心に響きます。私の脳裏を突き刺すような言葉です。私の頭の中では、こう響きます。

「お前は私を置いて、いや見捨てて都会へ出て行ってしまった。長男なのに、私やふるさとよりも東京と学問が良かったんだ」と。

そして四五年、父親の一行が他界しました。これを機に、エディプス・コンプレックスは解消されました。もちろん、それまで形而上的にそれを意識していたわけではないのですが。私は西洋の神話のエディプス・コンプレックスではなく、東洋のエディプス・コンプレックスを主題とした小説『碧空が輝くとき』を書きました。いま、ここに書いている小説は、その第二部か続編のつもりで書いています。母が八〇代後半、子が六〇代後半の新しい親子の舞台をつくろうと思うのです。

エディプス・コンプレックスはレイブン

二月一七日、金曜日。寒い日が続きます。法子に「ばあばんは元気か？」とメールを送ると、

「まあまあです。暖かくなったら遊びに連れて行きます」

という返事が来ました。法子は優しい子で、母も、

「法子が良くしてくれる」
と、口癖のように言います。母は、法子を彼女がまだ三歳くらいの頃に、一人で、私が住む藤枝に連れてきたことがあります。可愛いのでしょう。そして法子もおばあちゃんのことをよく面倒見るのです。

二月二〇日、月曜日。朝早く新幹線で津山に向かいました。気温が少し上がってきました。春はそこまで来ています。夜、お寺の台所で、郵貯銀行の普通預金と定額預金を書類に書き込みます。そのあと、例によって昔話をします。商店街に蔵屋という老舗のお菓子屋があって、その店の北原文《きたはらふみ》さんに会いに行くと言うのです。郡是《ぐんぜ》（グンゼ）――母が女高生時代に学徒勤労動員で戦闘機の部品を作っていた軍需工場――時代の友だちらしいのですが、私はこの話は初めて聞きます。

書類を書き終わって、「ホテルに帰る」と言うと、
「一人きりじゃけん。泊まっていけ」
と、言います。淋しいのでしょうか。おじいさんの穿いていたズボンは、ウエストを広げて、丈を三センチほど長くすると私にも履けるので、その旨伝えておいたところ、上着と一緒に業者に直すように出したというのです。私は、父のシャツやズボンは、できるだけ譲り受けて着ようと思っています。ありがたいことです。このように、モノを大事にすることは、母から学んだ知恵であり財産なのです。

二月二一日、火曜日。今日も、「春は間近だよ」と呟きながら雨が降っています。しとしと降り

ます。朝一番で郵貯銀行へ行って、普通預金と定額預金の相続申請書を出しました。父の死は、こうして相続申請書類へと形を変えていきます。この変化に、私は奇妙な安心感を得ることが出来ました。ある種のサディスティックな感情です。エディプス・コンプレックスの裏返しなのかもしれません。エディプス・コンプレックスは、ワタリガラスのような黒色です。母への感情の中に、このような残忍性が潜んでいようなど、今はじめて知ることです。この安心感ゆえに、遠路はるばる母のもとへはせ参じ、相続業務を手伝っていたのです。お寺へ帰ると、母は、

「じいさんの夏のブレザーを着るか」と言います。

「襟が汚れとるけん、クリーニングしちゃる」

と、言います。ポロシャツは自分で着るそうです。父親の古着を受け継ぎ、ちゃっかりと父親気取り、こういう感情は猟奇性以外の何者でもないでしょう。

「郵便局は相続申請ができたので、今度は現金をおばあちゃん名義の通帳に振り込む時には、郵便局へ本人が行かないといけない」

と言うと、「行く」と言います。遺族年金の受給手続きと、信用金庫の相続手続き、それに、郵貯銀行の分が出来たのでやれやれです。動産相続がその金額は別にして、こんなに大変だとは、思ってもみませんでした。

「河原先生はまだお礼に行っとらんで」

と、河原先生へ御礼に行かなければならないことをまだ気にしています。河原先生は、父の最後を看取ってくれた内科医の先生です。私の手元には、河原先生が作成してくれた「死亡診断書」があ

ります。それにはこう書かれてあります。

「氏名　瀬川一行　死亡したとき　平成二四年一月二七日　午後〇時五五分　死亡したところ　津山市西寺町七二　直接死因　肺気腫」

最後は大往生でした。息を引き取るとはよく言いますが、今際の際にスーッと大きく息を吸い、息が果てたそうです。死亡届は、私が市役所へ出しました。これに基づいて、遺族年金が支払われるのです。預金通帳の遺産相続も、「死亡診断書」があってはじめて手続きができるのです。母によると、

「河原先生が部屋に来てくれたときはまだ息があった。先生が聴診器を胸に当てると（安心したように）息を引き取った」のでした。私がお寺へ着いたのは夕方でした。河原先生にお世話になったことの重大さを、母はよく知っているのです。

ところで、相続手続きには、被相続人（一行）、相続人（冨美子、私、延子）の戸籍謄本が必要です。発行してもらったお爺さんの戸籍に、北島照子が長女として記載されていないことを話題にしました。北島照子は、父の一番上の姉のことです。もうだいぶ前に他界しました。

延子は「昔のことだし……」と言います。私が面白半分で、「戸籍には間違いない。照子は、北島の方の誰かの娘で、大震災か何かのせいで津山に来て學進さんの長女ということになってしまったのでは」と言うと、何も答えません。

私は面白半分に「北島照子は次女の妙子、三女の鶴子とはよく似てるけど、昭彦と悦子——照子の長男と長女——は、西田の方とタイプが違うよ」と言うと、延子は黙っていましたが、母は「うんうん」と、「わが意を得たり」と頷きました。私は、北島照子は、じつは學進さんの実の娘では

ないという推理をしたのですが、この辺の事情は、もう法務局で聞くしかないなと思いました。西田というのは、父の二人の姉が嫁いで行った先の姓です。

でも、學進さんの長女であるはずの照子が、戸籍にないことは引っかかります。照子さんは、やはり太平洋戦争で旦那さんを失い、私が物心ついた頃には、お寺の境内に建てられた宿舎に寝泊まりしていました。その後、市内をあちこちと転居し、最後は大阪へ出て、寿命を全うし、この世を去りました。私にとって、最も思い出深い人のひとりです。それにしても、一片の紙切れに過ぎない戸籍にも人生が凝縮されているのです。

いい日旅立ちは茜色

三月一日、木曜日。父が逝ってから一か月が経ち、だいぶ暖かくなってきました。私は、父が亡くなってから、急に、母に手紙や葉書きを書く事が多くなりました。今日も、母に手紙を書きました。中味は他愛もないことです。父が他界してから、私は、私と母の間の「壁」が一つ取れたと感じています。もちろん、その壁は、私が主観的に感じているものにすぎません。また、それがある種の残忍な感情であることも、先ほども述べたように、自分自身には分かっています。

この壁こそが、私が、これまで母に対して感じてきた、エディプス・コンプレックスの実態ではないかと思うのです。それは神話に登場する西洋的なそれではなく、東洋的というか、ごく穏当な、母に対する、誰もが抱くような感情の原風景のような気がします。現に、比べるのは大変恐縮なのですが、井上靖の『わが母の記』の冒頭は、父親の死で、父親の子どもに対するある種の憎悪の感情と、子どもの父親に対する敵愾心の一句が刻まれています。

　父が他界した日の夜、駅前のホテルで、私と母の今までの距離を埋めなければならないことを、睡眠と覚醒の狭間で電撃的に感じたのでした。父親の死を節目にして、突如、このエディプス・コンプレックスが、私を虜にしたのでした。でも、この心理学的な実態については、よく勉強しないと分からない、もやもやした霧のようなものです。

　もう一つの心理学的な壁は孫たちですが、これは、むしろ愛すべき壁かも知れません。母は、

「あんたと一緒に過ごしたのはたった一八年じゃった」

と、ポツリと言いました。これからは、せめて手紙でも書き、暇があれば会いにいくことになるだろうと思ったのは、この言葉が契機です。歌にある「いい日旅立ち」のようなものです。これからは、手紙の内容をこの日記に記そうと考えたのも同じ動機からです。

　去年、二〇一一年の秋、入退山式が終わったあと、「お寺の後継ぎが出来て良かったと思いますが、帰るところがなくなったようで寂しいです」

という手紙を、母に送ったことがあります。

「でもホテルは何時でも自由に入れるし、インターネットも出来る。ベッドだから布団の上げ下げもしなくていいし、電子レンジもあるし気楽だよ」

と、わざと強がりを言っておきました。次の手紙はこんな内容になりました。

「今度はホンダの大きい車を買うので、暖かくなったらどこかに連れて行ってあげましょうか」

　その当時、私は軽自動車に乗っていたのですが、軽自動車では名古屋から津山への移動は苦しいです。スピードも九〇キロかせいぜい一〇〇キロが限度ですし、坂道では速度が落ちます。荷物も

大して積めません。それで、軽の二倍の排気量の車を買うことにしました。

記憶の欠片は星の輝き

三月五日、月曜日。気温が高くなってきました。今日は「おばあちゃんとご飯を食べてよ」と、延子がメールで言います。それで五時半に行ったらもう食べ終わっていました。島倉千代子のCDをあげたら、「えー」と大声を上げました。「北島三郎のCDを買ってやろうか」と言うと黙っていました。母は、演歌歌手の北島三郎が大好きだったのです。

延子によると、江見駒十郎さん——母の祖父——は、庄屋さんだったとか。そう言えば、江見家には「蔵屋」という屋号がありました。稔おじさん——母の弟——は、毎年夏のお盆になると、山の畑から施餓鬼用の笹を持って来てくれました。この稔さんも二〇一五年についに亡くなってしまいました。

父の背広の上着が、直ってきていました。ぴったしです。靴もくれました。足の大きさは大体同じです。夏用のブレザーも直してくれると言います。

「毎日、おじいさんどこへ行ったん、言うて暮らしよる。あんたらが行ってくれんけん、私が河原先生の所へ行った」

と、嫌みを言います。悲しいかな、母は、毎日、今はなき夫の見えぬ姿を探して暮らしているのです。六〇年以上連れ添ったことの意味は、想像を絶するほど大きいのでしょう。いずれ、私たちも通過しなければならない、人生の終着駅間近の関所なのです。いま、私の母は、必死でその悲しみに耐えています。一緒に今は見えぬ父親の姿を追う私にとっても感涙に咽ぶ思いです。

三月六日、火曜日。今日は、津山地方に濃霧注意報が出ています。中国地方では、この時期よく霧が発生します。音楽を聴くラジカセは、今度持って来てやろうと思いました。郵便局の簡保と定額預金の書類を書いて、母を連れて、坪井町郵便局へ行きました。私が携帯を取り出して画面を開くと、「吉永小百合じゃ」と言います。私は、その時、携帯の待ち受け画面に、吉永小百合の写真を載せていました。

「若い頃の写真だよ。岡春江さんに似てるだろう？」

と、言うと、

「あんたは岡春江さんとこにいきんちゃい」

と言って、肘で私のわき腹を突きます。

「私は昭和池が見たくて行ったんだよ。昭和恐慌のときの農村対策で出来た池だし、勉強のために行ったんだ。たまたま、岡春恵さんのことを思い出しただけで」

と、言うと、

「嘘を言いんちゃんな（言わないで）」と、私をからかいます。

昔、私と幸子が結婚したあと、「私ゃ、あんたに意中の人があった」と言ったことがあったことは、すでにお話ししました。それは、もしかしたら、岡春恵さんのことではないかと思ったのでした。一度、彼女がお寺へ遊びに来たことがありましたが、二人とも正座で対峙して、なにやら真剣に相槌をうちながら話に興じていたことを、ついこの前のように思い出します。春恵さんも農家の長女だったので、何かあい通じるものがあったのではないでしょうか。

こんなどうでもよい、些細なことをよく覚えている母ではあります。こんな記憶の欠片が、今でも、私と母との間に、きらきらと輝いてくれることが嬉しくてたまりません。記憶の欠片は星の輝きのようです。

夫の思いではスカイブルー

預金の手続きは、これで払い戻しを受けるだけとなりました。郵貯の方は、管轄の広島から、簡易書留が、貯金通帳と証書同封で送られてくるそうです。簡保は、京都から普通郵便で来ます。母は、郵便局で同級生にばったり出会い、立ち話を始めます。呑気なものですね。昼は、カツ丼を取り寄せて食べました。

父の靴を、三足くれました。私の足にぴったりです。冬物の上着の袖口を直したのを、さっそく着て帰ることにしました。テレビを見ていると、観光地が映っています。「どこだろうか」と聞くので、字幕から、「箱根の宮ノ下」と答えると、「幸っちゃんのお母さんと行ったなぁ」と記憶を手繰ります。幸っちゃんとは、私のワイフのことです。私と幸子、母と幸子の母の三人で、箱根の強羅を訪ねたことがあります。そのことを思い出したらしいのです。その時に、幸子の母はバスに酔って気分を悪くしました。よく記憶しているものですね。

「お母さんは疲れたんじゃ」と言います。幸子の母は一〇年ほど前から認知症をわずらって、もう誰も分からなくなっています。荘司稔さん——終戦直後の戦災孤児で、私が中学生くらいまでお寺に同居していた人。母の弟の稔さんとは別人――の痴呆も「お酒の飲みすぎじゃ」と、はっきり言います。

玄関の横の応接間に設えられた父の霊前に座り、

「おじいさんどうして逝ったん。戻ってきんちゃい」

と言っています。哀れを誘います。私はこんな時、母が不憫で涙が出そうになります。玄関先の長椅子に腰掛けて、小一時間話し込みます。

「おじいさんと、ここに腰掛けてよう話したもんじゃ。おじいさんは、箒を持ってよう掃除をした。おじいさんは、足の甲が大きうて先が小さかった。先の尖った靴は、檀家さんで三〇年か四〇年前に作ったものじゃ。番原の奥さんは、よう二階の右から二番目の窓を開けて、こっちへきんちゃい言うて、お菓子の入った紙包みを投げてくれた。でも、もう死んでしもうた。寂しいなあ……自動車を買おてあげようか」

などと、脈絡のない話をします。番原というのは、昔、妙勝寺の隣で自動車の修理工場をやっていた人で、自宅と工場が墓地に接して建っていました。工場は、今は少し離れたところに移転しています。この番原自動車修理工場の奥さんとは特に仲がよかったようです。

「あんたが博士論文を書いて博士号を取った時に、おじいさんは『もうええけん、久志を津山へ帰ってこさせ』と言っていた」と言います。「帰ってきて欲しかったのだろう」と言うのです。私は、しんみりした気持ちになりました。

「寒いから中に入ろう」と言っても、境内をキョロキョロ見ています。そして、青空を見上げては、大きなため息をつきます。父の残像を見ているのでしょう。私は、胸が締めつけられるような思いに駆られました。

母の小言は火焔の色

延子の話で、昭和三年に墓地のはずれに建てられた養老院を、第二次大戦後、児童養護施設に改築したときに、養老院を建設したときの、寄進などのことが記された、大きな木のお札が出てきたことが分かりました。お札を見てみると、津山市の東のはずれ、高野というところにある、万福寺の住職の浅沼兼好氏の筆になるもののようです。

浅沼兼好住職は、私と幸子の仏前結婚式を執り行ってくれた人です。万代氏、三井財閥などの名が見えます。この内容は、今度転記することにしました。この日は、三時四四分発の快速で津山を出ました。

三月一九日、月曜日。今日は、大学の卒業式です。式が終わり、さっそく津山へ出かけます。この前、母が、「私ゃ、携帯は使えん」とつぶやいたのを思い出しました。意思の疎通は、やはり手紙がいいと思いました。実は、もう一〇年ほど前に、私は、母に連絡用の携帯を持ってもらったことがありました。でも、結局、あまり使わずじまいで手放してしまいました。

今では小学生でも持っている携帯ですが、戦前、昭和生まれの年寄りにとっては、所詮宇宙人の機械なのでしょう。私が母に用件を伝えたり会話をするには、手紙を書くか、直接会って伝えるしかありません。こちらから固定電話に電話をかけて話をすることができないことは、また記すと思います。

ともあれ、便利な携帯によって、安直な意思疎通に頼るよりも、あれを思いこれを思いして、積もる思いを直接会って話すことの大切さを感じます。携帯は便利ですが、それが悪いことの取引や、いじめ、不倫などの道具にもなっていることは、大人社会は真剣に考え直さなければならないと考えます。

「お金のことばかり考えて、世の中が堕落してしもうた」

とは、母の弁です。

「私もその中の一人だよ」

と、冗談ぽく言うと、

「あんたも変わってしもうた。昔や、草花の好きなええ子じゃったのに」

「ほっといてくれ」

火焔に炙られた感じでしたが、気を取り直して、

「明日は花を買って墓参りをしよう。ロビンソンの本も霊前に供えて」

苦し紛れに、そういい残してお寺をあとにしました。でも、この言葉には参ってしまいました。母の信頼を取り戻そうとして、今努力していることはいうまでもありません。

三月二〇日、火曜日。風はまだ冷たいのですが、日差しは一段と強くなりました。暑さ寒さも彼岸までとは昔からよく言ったものです。歩くと、ポカポカ陽気に汗ばむ感じです。津山にも本物の春がめぐってきました。庫裏の玄関口で、母が、弟の稔さんと歓談中です。私は、墓に水を注ぎ、

花を手向けたあとで、郵便局の払い戻し申請書に、母の自書で記入してもらい、委任状を書き、押印してもらいました。あとは、明日、局へ代理で行くだけです。

これで、すべての相続手続き完了ということになります。これは肉親の死亡によって誰もが経験することですが、本当に大変です。幸いわが家では、父親が住職であったので、不動産関係がなく、預金通帳だけだったので、まだましなほうでした。それでも、落ち着いて悲しんでいる暇もないくらいでした。

「岡山の日蓮宗宗務院から、おじいさんの退職金で一三〇万円をもろうた」と、母。「貯金したか」と聞くと、「そのままにして、使うてしまう」と言います。私には、「私もそう長くはないから、元気なうちに使ってしまう」と聞こえて、寂しい思いがしました。

「これから、お金が必要なことがあるから、大事に貯金をしておかないとだめ」

と、言っておきました。

檀家の野上さん夫婦が、墓参りに見えました。旦那さんに、

「昔ブレザーを作ってもらったことがあります」

と、言うと、

「ああ、若いころだったな」

と、覚えていてくださいました。それから、お彼岸の中日とあって、何人かの挨拶、お悔やみを受けました。母は、檀家の人に、しきりにおじいさんの思い出を語っています。

「まだ、その辺におじいさんがおるような気がして……」が口癖です。

養老院建設の時の記録のお札から、内容を紙に転記しました。この資料は、非常に重要な資料

で、当時の仏教福祉の状況を知る手がかりになるものです。私の祖父の學進さんは、昭和三年、仏教の慈愛の精神により、報恩養老院を建設、戦後、父の手で児童養護施設に発展的に解消し、津山市における近代的社会福祉事業の礎を築いた人です。社会福祉事業の発展に大きな貢献をしました。

格式高い家柄

昼ごはんを一緒にいただきながら、「西幼稚園は安岡町の渡辺さんが作った」と教えてくれました。西幼稚園は、現在の西小学校に隣接して設置されている幼稚園で、父、母、私と延子、それに法子やその子どもの響や奏の、親子四代が通った幼稚園です。

「私は六歳の時に一年間幼稚園へ行った。あんたが幼稚園へ上がる時は、列を作って並んだもんじゃ。ベビーブームで、並ばんと入れなんだ（なかった）」

と、当時を振り返ります。私は昭和二三年生まれ。第一次ベビーブームの団塊の世代です。この幼稚園で、母が並んだという話は、何度も聞きました。私が履いて帰った靴を見て、「ええ靴じゃ、物がしっかりしとる。綺麗に磨いたんじゃな」と繰り返します。奏の卒園祝いが、夕方から広間で開かれました。楽しいひと時です。母は「私も勉強する」と、出版されたばかりの『ロビンソン・クルーソーの経済学』の本を手に取って目を細めます。お札に記された万代さんは、次のような人です。この人が、報恩養老院建設の費用面で、大きな役割を果たしたようです。インターネットで調べた結果を記します。

「万代順四郎（一八八三年六月二五日‐一九五九年三月二八日）は、明治〜昭和期の銀行家である。岡山県出身。岡山県勝間田農林学校、明治四〇年（一九〇七年）、青山学院高等科（現青山学院大学）を卒業。同年、米山梅吉の誘いで三井銀行に入社し、昭和一二年（一九三七年）に同銀行会長に就任する。昭和一八年（一九四三年）に帝国銀行の頭取となる。その二年後に同銀行の会長、全国銀行協会連合会会長に就任。昭和二八年（一九五三年）には、東京通信工業（現ソニー）会長などを歴任。母校である青山学院では理事長、校友会会長などを務めた。昭和二七年（一九五二年）以降は、同学院の財務理事として、復興などに尽力した。昭和三四年（一九五九年）三月二八日死去」

インターネットで調べた結果を、分かりやすく母に教えてやりました。

「おじいさんがはじめた養老院には、すごい人がスポンサーになっていたんだ。三井財閥の筆頭に三井銀行があって、そこの頂点に上りつめた人だよ。その人の資金的援助で、養老院ができたんだ。お母さんが子どもの頃で、記憶はないだろうけど、そういうお寺へ嫁げるなんて、当時は玉の輿だったんだろうね」

するると、さもありなんという表情で、

「江見家――母の生まれた家のこと――は格式高い家じゃけん、そんじょそこいらの娘をもらうわけにはいかなかったんじゃろうな」

これには脱帽です。でも、これには根拠がないわけではなく、また追って記すと思います。

家系図を紐解く

三月二一日、水曜日。郵便局で、相続の現金を母の通帳に入金、手続き完了しました。そのあと、一成さんと學進さんの墓石に刻まれた略歴を筆記しました。一成さんは、父の兄で、東京商科大学、現在の一橋大学卒業後、福岡県大牟田市の三池炭鉱へ就職、太平洋戦争末期、フィリピン・ルソン島での対米抗戦に従軍、プンカン地区の激戦で、二〇年二月二八日に戦死しました。母がなぜ妙勝寺へ嫁いできたのか、その秘密が、実は父・一行の兄の一成さんの戦死にあったのです。

まずは一成――またあとで登場しますが、一成さんの忘れ形見の正子によると「いちじょう」と呼んでいたようです――さんから転記します。

「故陸軍歩兵曹長　俗名　瀬川一成　行年二九歳　學進長男　東京商科大学卒　昭和二十年二月二十八日　フィリピン・ルソン島プンカン地区の戦闘に於いて戦死」

次に、學進さんと妻のハナさんの墓碑文です。

「瀬川學進　昭和三十六年十一月十三日遷化八十歳　瀬川ハナ　昭和三十七年十一月十一日遷化七十八歳」

若い読者のために記しますが、これは漢字が分からなくてカタカナになっているのではなく、昔はカタカナ表記の名前があったのです。理由は調べてみると、当時は女には教育は必要なく、カタカナが読めれば十分と考えられていたとする説や、国定教科書の漢字はカタカナ表記したからとか、何となく女らしい語感がするなどいろいろありますが、本当のところはよく分かりません。ところで、最近立派な由緒正しい漢字があるにもかかわらず、わざとカタカナ表記するのは、古きよき時代への回帰なのでしょうか。

母の家系を確認するために、江見家の先祖代々の墓にも足を延ばして記録しました。井上靖や三浦綾子など、そうそうたる文筆家を向こうに回して「母」というタイトルの小説を世に送り出そうとするわけですから、無名の小説家も大変です。

母の生家の江見家の墓は、妙勝寺の同じ墓地の中にあります。まず、母の曽祖父から始めます。

「江見新五郎　明治四十一年九月十五日　五十六歳没　妻せき　大正七年五月十三日　六十五歳没」

ついで母の祖父の駒十郎さん。駒十郎さんは、母にとって思い出深きお爺さんです。駒十郎さんは、私が生まれる二か月前になくなっています。母は身重の体で、お爺さんを見舞い、最期を見取ったのでしょう。駒十郎さんは、町会議員までやった、自称津山一の大酒呑みの豪傑だったとか。私の前著『青空が輝くとき』でも登場してもらいました。

「江見駒十郎　昭和二十三年六月二十七日　六十二歳没　江見つる　昭和十二年九月十三日　五十七歳没」

次に、父親の角一さんです。私の母方の祖父に当たります。

「江見角一　昭和四十二年七月二十七日　六十三歳　江見きよの　昭和二十九年九月二十一日　四十八歳」

角一さんの妻きよのさんはけがで若死にしましたが、これはあとで記します。角一さんは温厚な農夫で、この若さでぼけて、夜、川原を徘徊し死体で発見されました。その時の母の驚き、その声、嘆き悲しむさまは、今も、私の眼に焼きついて離れません。

次に、弟の忠さん。

「江見忠　平成二年九月七日　五十九歳」

以上が、私の父方と母方の主だった人の家系です。これからも、たびたび登場します。昼は、天満屋で買ったラーメンとワカサギで簡単に済ませました。ワイシャツと身の回りの物を母に預けて、津山をあとにしました。冷たい一日でした。母を理解するためには、その家系にいた人たちを理解しなければなりません。「でもそれが何になるのだろう」そんな疑問を抱きながら、私は、岡山へ向かう列車に揺られていました、『青空が輝くとき』という本を書くためなのですが、なぜだか、底知れぬ衝動と思慕の念に駆られるのです。これまでに味わったことのない情感でした。

昭和生まれの女の意地

その日は、昔ある親せきすじの人から、根拠のないことでいいがかりのようなことをつきつけられたことを思いだして、怒りを露わにします。「そうかもしれんね」と、私は返しましたが、ある意味、このような屈辱に耐えることが、母の人生だったような気がします。親戚との人間的なトラブルなど、面と向かって文句を言う代わりに、私の前で自分に言い聞かせるように他人の咎を突くのです。そういうところは、私の性格に受け継がれています。

褒めて言うとすれば、青春時代、貧しさと戦争に耐えたあの不屈の精神力です。ですから、いろんなことに耐えられるのです。今の若い人は、我は通しても、耐えることができません。面と向かって他人に主張できないくせに、匿名のネットや水面下のネットワークでしかモノをいうことしかできない、劣化した日本人が増えすぎました。

父が他界した直後、母は「一行さんのあれだけは許せん」と吐き捨てるように言いました。妹は「もうええがな」と言いましたが、私にはその無念な気持ちがよくわかるのです。でも、その辺の事情は察してもらうしかありません。私は、父が永年社会福祉事業に貢献したことで、文化勲章を受章したときの祝いの席上で、ある檀家の人が「奥さんは日本の妻の見本です」と言って讃えたのを今でも覚えていますが、その時「何を戯けたことを」と、憤りを感じたのを今でも鮮明に覚えています。

また、ジェンダーという性の役割分担を、封建的遺物だとして鼻にかけて笑う人がいますが、はたして、その人は母のように耐えがたき屈辱に耐えることができるでしょうか。

四月九日、月曜日。急に気温が上がってきました。春爛漫という形容がふさわしい陽気なのですが、空は霞んでいます。名古屋駅をあとにした新幹線の車窓から、鈴鹿山脈が霞んで見えます。「春霞」とは聞こえはいいのですが、要は、中国大陸から黄砂が飛んで来ているだけです。それに花粉の飛散もまだ終わりません。

天気予報は、連日花粉の飛散量が「非常に多い」ことを伝えています。四月の第一週は、入学式やガイダンス、それに私の大学は浄土宗の大学なので、お釈迦様の花祭りなどで結構忙しいのですが、これも終わって、やっと母のもとへ行くことが出来ます。いつものホテルに着くと、もう寝るしかありません。

由緒ある家柄

四月一〇日、火曜日。早朝、お城――津山市には鶴山城という立派なお城の石垣があります――の入り口まで、散歩がてら行ってみました。ホテルから道路を隔てた長い石段を上ると桜並木があって、そこを石垣沿いに少し行くと、天守閣へ通じる正門があります。鶴山城は公園になっているので、正門で入場料を払って入園することになっています。しかし、早朝なので石垣の下を散歩することしかできません。

「津山城跡に桜を植えたのは福井純一。大正と昭和に御大典記念植樹が行われた。津山城跡が桜で覆われるようになったのはこのころからである」と、立て看板に記されています。私が子どもの頃には見かけなかった看板が設置されています。

いったんホテルに戻り、九時に鶴山記念館で『津山市史』を買いました。「第七巻　現代Ⅱ――大正・昭和時代―」です。太平洋戦争時代の津山市の様子を知るには欠かせない文献です。お寺へ行き、荷物を預けて、ローソンでハワイ出張の飛行機代の支払いを済ませます。ハワイ行きが近づいてきました。昼ご飯を食べて、母としばし歓談です。私が「江見家は、江戸時代に地主だったのか」と聞くと、「江見駒十郎は村会議員じゃった。結構な家柄じゃった」と言います。

「水のみ百姓じゃなかったのか」と、からむと、

「あほう、言うな。江見家言うたら、蔵屋いう屋号もあるくらいじゃけん、ええ家柄じゃ」
と、ご機嫌斜めです。江見家の家柄については、跡継ぎの喜一君によってある程度事実だというこ
とが、後になって分かりました。いま延子がやっている児童養護施設、立正青葉学園は、
「県庁の女の事務員が来て児童を受け入れてくれという要請があって始まった。あんたが七歳の時
だった。それで、檀家の人と一緒に布団をたくさん縫うた」
と、児童養護施設開設の頃を思い出してくれました。私が作陽高校（当時は津山女子技芸）から郡是工場へ学徒勤労動員で来ていた杉山さんの日記のことを話すと、興味を覚えたらしく、「今度見せてくれ」と言います。杉山という女性が、軍需工場・郡是への勤労動員生活を記した日記が保存されていて、親戚の人が、その日記を冊子にして公表したものを、私が、インターネット検索で見つけたのです。

のちに記すように、この杉山あきえさん――本名は福田昭江さんで嫁いで杉山姓になった――は、母の一歳下の級友――といっても面識はないのですが――で、高等小学校から技芸へ編入した母とは同級生になります。それで、半年間郡是で生活したのでした。私はこの昭江さんの日記に感動を覚え、生きていたら所在が知りたいと考え、妹の延子に話したところ、あとになって、見事所在が判明しました。このことは順を追って記します。

竹槍事件

母の話は続きます。

「竹槍の行軍練習をしょうったら（していたら）、駒十郎さんが『竹槍で飛行機は落とせんけん、郡是なんか行かんでええ』と言っていた」

と、言います。市議会議員さんがこんなことを言ったら、憲兵に連れて行かれるでしょうに、私語にしてもよく言ったものです。母は、ご多分に漏れず、男手を戦争に取られて猫の手も借りたい農家の、農作業の手伝いにも行ったと言います。

私は、この駒十郎さんの発言と、またあとで詳しく紹介する昭江さんの日記――これは、工場での生活の不満に満ち溢れたものです。別に反戦的な内容ではありませんが――に大きな感銘を受けました。そして、戦争に関する本をむさぼるように読み、ある仮説を立てていきます。このことは、また記すことになると思います。

ところで、駒十郎さんが竹槍訓練の悪口を言ったことには、根拠があるようです。「竹槍事件」と言われる、毎日新聞社社説を巡る言論弾圧事件です。『毎日新聞』（一九四四年二月二三日付）の記事ですが、新名記者の執筆記事が「勝利か滅亡か　戦局はここまで来た」「竹槍では間に合わぬ飛行機だ、海洋航空機だ」と題して、一九四四年（昭和一九年）二月二三日付の『毎日新聞』朝刊に掲載されました。

東條英機首相は、これに激怒し、毎日新聞を発禁処分にし、新名記者を激戦地に飛ばす召集令状を出しましたが、海軍の庇護で海軍報道班員として外地、フィリピンに新名を送り、新名は再召集を逃れました。一般にはあまり知られていませんが、これが竹槍事件です。

駒十郎さんは、市議会議員であり、毎日新聞を読んで、この事件のことを知っていたのではないでしょうか。しかし、このような発言が、もし憲兵の耳にでも入ろうものなら、即刻牢屋入りでしょうに。駒十郎さんは酔っぱらっていたのでしょうか。人間、酔っぱらうとつい本音が出るものです。「一億総玉砕」とは言うけれど、誰も、そんなことを信じてはいなかったのではないでしょうか。新名記者の記事は次のようなものでした。

「勝利か滅亡か　戦局はここまで来た」「日本は建国以来最大の難局を迎えており、大和民族は存亡の危機に立たされている。大東亜戦争の勝敗は、太平洋上で決せられるものであり、敵が日本本土沿岸に侵攻して来てからでは手遅れである」「竹槍では間に合わぬ　飛行機だ、海洋航空機だ」「大東亜戦争の勝敗は海洋航空兵力の増強にかかっており、敵の航空兵力に対して竹槍で対抗することはできない」

駒十郎さんはきっとこの記事を読んでいたのです。駒十郎さんは、反戦主義者ではなかったと信じますが、当時、天皇制や軍部の独裁、それに戦争遂行を煽るマスコミに批判的な人たちは多かったようで、このような非合法・非組織的反戦主義者は投書や落書きの形で、反戦を訴えたのでした。もちろん、特高は猛烈に弾圧を繰り返しました。次のブログに詳しいです。「負けよ日本　勝て米英！　百姓を泣かすな　井野農相と東條をコロセ」という落書きもあったそうです。

http://blogs.yahoo.co.jp/pen_tsuyoshi/39980944.html（二〇一六年三月二日　アクセス）

原典は『帝国ニッポン標語集』（現代書館）です。言論の自由は一〇〇パーセント保障されている現在、「戦争法案反対」などと叫ぶのは自由、しかし無言の圧力はあるもので、戦後七〇年以上たっても当時の状況とさほど変わってはいないのではないでしょうか。一九四〇年体制——太平洋戦争へ突入する時期、あらゆる社会システムが戦時へ向って結集された体制——は今も生きており、日本を国際社会の中で孤立させ、政治・経済・社会を始め文化・学術研究までをも劣化させている病巣は、容易には治癒できていないのではないでしょうか。母は、テレビのお笑い番組を見ながら言います。

「人間がみすぼらしゅうなったのお」

旅立ちの白装束

「冬はとにかく寒うて、工場の宿舎じゃ、コタツがないけん、みんなで足をくっつけおうて（あって）寝た。夜、見回りが靴音をカッカッと立てながらやってきた。それが怖うて、怖うてなあ。トイレは宿舎の外れにあったけん、皆で誘いおうて行った。郡是に来たのは、作陽技芸、津山高女——津山高等女学校——、美作女子高、津山中学——男子校——、商業じゃった。

森さんは津山高女じゃった。郡是に来た人はせっぱ詰まった人が多かった。もう少し戦争が早よう終わっとったら（ていたら）専門課程へ進みたかった。一度、角一さんが五銭をくれて鶴山公園へ行くように言ってくれたが、五銭じゃ何も買えん。角一さんが棚の上に財布を隠していて、そっと取ってやろうとしたら見つかってひどう叱られた。ははは。二宮に叔父さんがおって初恵——母の妹——が、一時預けられとった。二宮には松林が延々と続いとった」

と、懐かしそうに当時を回顧します。二宮の松原というのは、江見家から郡是へ行く途中の、出雲街道沿いに並んでいた松並木のことで、終戦近くになって、木造船の材料にするために伐採されたのです。一本残らず伐採されてしまったこの美しい松並木、今は写真で偲ぶ以外見ることはできません。本当に惜しいことをしたものです。

「終戦間際には、工場の仕事がのうなって（なくなって）だらだらした。とにかく勉強せんでよかったのが良かった。大変な時代じゃったことを、若いもんに教えんといけん。お前は、授業でしっかり喋らんといけんで（しゃべらないとだめだよ）」

「うん。このことは、『青空が輝くとき』という本にするから、教科書にしてしっかり教えてやる」

私が、戦争体験を本にすることに賛成してくれます。と、まあ、勇ましい話をしたものでした。教科書にした本、学生は結構興味深く読んでくれたみたいです。袖山榮真学長に差し上げたら、丹念に読んでくれて、親切な書評までくれました。

私が、当時、朝鮮から日本へ強制的に若者が連行されて、三井造船や三菱重工業で働かされたこと、私の小学校時代に、小田中にぶんちゃんという友だちがいたことを言うと、意外なことを言いました。

「朝鮮の人たちはいい人たちじゃった。あの人たちは赤い唐辛子《とうがらし》を持っていくと喜んでくれた。多分料理に使こうたんじゃろう。朝鮮の人たちはいい人たちじゃった」

と、感慨深げです。また郡是では給料をもらっていたとも言います。また、

「郡是で一緒だった人が、戦後、本か資料にするかなんかで、勤労動員の話を聞きに来たことがある。名前は忘れたけど。そのうち来んようになった」

のだそうです。このことは、その後も繰り返し、繰り返し言います。

「葬式が済んだら、私や階段で二階へ上がれんけぇ、下に位牌だけが入る小さい仏壇をおこう思う

「私が死んだら、着る白装束が箪笥の下から二番目に入っとるけん、着せてんな。おじいさんが作ってくれたんじゃ」

実に手回しのいいことです。しかし、こんな話は縁起でもない、聞きたくはありません。

父のズボン三着が、クリーニングから届いていました。はいてみると胴回りが少しきつく、長さが数センチ短いのです。リペアしてくれるといいます。散々しゃべって、律の入学記念写真を撮りに、ワゴン車でお出かけしました。法子が、ワゴン車で連れて行ってくれました。

私は、三時五一分発の快速で名古屋へ帰りました。延子から、『福祉の国を創った男　留岡幸助の生涯』『岡山孤児院物語　石井十次の足跡』『石井十次の生涯　石井のおとうさんありがとうＤＶＤ』などを借りましたが、こうした本も読まなくてはなりません。

ハワイ旅行計画始動

四月二七日、金曜日。三限の授業が終わり、車で津山へ向かいました。妙勝寺として行われる父の本葬に臨みます。夜、母は、まだ起きていました。

第二章　女の意地

内在する二重人格

四月二八日、土曜日。父の分骨を、妙勝寺住職代々の墓へ納骨しました。一〇時三〇分から葬儀です。一二時、料亭「うらしま」で会食。喜一《きいち》君――母の弟の故忠の長男、母の甥にあたります――に、江見家の墓の新五郎さんと妻のせきさんのことを聞くと、駒十郎さんの曾爺《ひいじい》さんだそうです。江見家のルーツは、菅原道真まで遡るのだそうです。これは、にわかには信じられませんが壮大な話です。

妙勝寺にある江見家の墓は、分家後に移したものだそうです。最初、江見家は安岡町にあり、二度目の火事で今の小田中に越したそうです。蔵屋は、老舗のお菓子屋です。江見家は、江戸時代からの庄屋の流れを汲む旧家。母は、いいとこの出なんだなと改めて実感しました。

五月一四日、月曜日。母は、チャーハンと鶏肉を買い込んで、ひ孫に食わそうと張り切っています。延子と私で、ハワイ・オアフ島行の計画を立てたのですが、聞いてみると、母は、結局ハワイには行かないと言います。足が不自由なこともありますが、寺を留守にするのが気がかりなのでしょう。

「美子は遠いところへ行き過ぎた」

美子は、何度も説明しますが、私の妹の次女で、小さい頃からなかなか勉強が出来て、奈良女子大を卒業したのはいいのですが、大阪でフリーターを転々とし、結婚するでもなく、はや三〇になんなんとする、父親泣かせの当節流行のギャルです。父親に似て、すらりと背が高く、なかなかの美形なのですが、いかんせん愛想が悪く――私はけっこう可愛いと思うのですが――お金と暇さえあれば外国を歩き回っています。生まれ故郷の津山に帰って来てからも、学習塾の教師とユニクロの店員をして、外国旅行の資金稼ぎに明け暮れています。母のお気に入りの孫です。

このハワイ旅行計画は、延子が言い出したもので、そのとき、まだホノルルにいた娘の美子に会いに行くという旅行です。私は、ハワイは環境調査がしたいのと、是非この機会に真珠湾を見たいので、二つ返事で賛成しました。でも、やはり母には無理なのでしょう。老いが進んでゆく母に、何ともいえない寂しさを感じたものでした。

「もっと早くに、外国へ連れて行ってやりたかった……」


五月一五日、火曜日。雨が降りしきります。梅雨の走りにしては早すぎます。生まれた時のことから、覚えていることをノートに書いておくように頼んでおいたのです。ノートはレターパックで送っておきました。墓のことについて、

「大きい仏壇は焼却処分して、二人――父と母――の位牌は、藤枝の日蓮宗のお寺でおがんでもろ

うたらどうか」

と、いきなり言います。また、延子から、「お兄さんは、瀬川家の墓に入るのか」と聞かれましたが、これは難しい問題です。ゆっくり考えましょう。できれば、私の葬式は藤枝――日蓮宗の寺院があり、父は、生前、私の自宅に来た時に、この寺院を訪問しました――でやって、散骨して終わりにしたい、そう言いますと、延子は「散骨か」と興味なさそうです。母は、

「私らの弔いは、藤枝でするのが、おじいさんの遺志じゃったけんそうすりゃええ」

と、主張します。私も賛成です。母は、後にこのことを遺書に書くことになりますが、それは、またあとで記します。

　こういう時は、残された母も私も、将来のことを考えたのです。普段、こういう話はしないのですが、もう、妙勝寺とのつき合いは、なしにしたいというのが私の願いです。そうです、これまで、私は、妙勝寺の後継予定者という人格と、父と母の子どもという、二つの人格が入り乱れた人生を送ってきたのです。いま、父の他界という事実に遭遇して――その前に甥という、親族ではありながら他人の手に寺院が渡った――私と寺院という古くからある手かせ足かせからは、完全に解放されたのでした。

　そして父親が他界したということは、私と寺院との関係は、母との関係を通じてしか継続されません。完全に解放されたというのはそういうことです。その意味で、私と寺院との関係は、形骸化しながらも残存しています。しかし、母と子という本来の親子関係が、ここに復元されたと言えるでしょう。私は、私と寺院との関係の完全な解放と、親子関係の再構築をいま戦っているのです。この戦いには勝利はあるのでしょうか。私の勤務する大学が供えてくれた大きな花輪が、ある種の

異次元空間を作っているようでした。

初夏の田園

五月二六日、土曜日。今日は、父の遺骨の半分を瀬川家の墓――寺院の住職の墓は、住職としての代々の墓と、家族としての墓の二つがあり、前者は墓地の庫裏に隣接したところ、後者は墓地の中央部分にある――への埋葬です。

「初恵が、ハワイは遠いいけん、やめときんちゃい言うた」

と母は、ハワイへは行かない旨、意志表明しました。仕方がありません。結局ハワイ行きは、私と延子、それに延子の長男で、延子の亭主が経営している鉄工所の従業員の陽平の三人で行くことになりました。この陽平という私の甥は、今後もたびたび登場するので、覚えていていただければ幸いです。

「江見の古い家は、藁葺き屋根じゃった。屋根の両側に猫が通れるくらいの穴が開いとった。藁葺き屋根を建て替えたのが、私が五歳の時だった」

と、昔のことを思い出してくれました。

「母屋の後ろ――北側――は、小さな川じゃった」

と、実家を懐かしがります。「うさぎ追いしかの山　小鮒釣りしかの川」の小川で、かなり速い流れが耳に優しく響く綺麗な小川でした。この小川は、今は残念ながらもうありません。この小川は本流吉井川へ注ぐ川でした。その吉井川の洗濯場の写真を見せると、

「のうちゃん――延子のこと――を背負うて、あんたを連れて洗濯しに行ったもんじゃ」と、回顧します。洗濯場というのは、吉井川には土手から川へ下りる石段があり、その石段からさらに川面に降りられるように石段がつくられていますが、そこを洗濯場と言っていました。まだ、電気洗濯機などというものがなかった時代のことです。私はこの川が大好きです。昔、母は、ここで私たちのおむつを洗っていたのです。冬の水は肌をきるような冷たさです。話はあちこち飛びますが、

「タクシーの運転手さんが、郡是にいまでも戦闘機の部品がある言よった（言っていた）」と、いろいろ思い出してくれているようです。部品とは、言うまでもなく、太平洋戦争中の戦闘機の部品のことです。記念に取ってあるのでしょうか。ぜひ見てみたいものです。

「郡是は寒うて寝れなんだ。トイレが遠うて（遠くて）困った。島田先生は優しい先生じゃった」と、断片的な記憶を辿ってくれます。私は、この断片的な記憶をもとにして『青空が輝くとき』に纏め上げていこうと思い、母に思い出すように頼んでおいたのでした。『青空が輝くとき』は、すでに本になりましたが、こうして総集編と言うべく『母』という題名の小説にも生かすことが出来ました。

前にも記しましたが、

「男の人が、郡是時代のことを聞かせてくれえ言うて、何回か電話をかけてきたことがある。そのうちかかってこんようになった」

とも回顧します。おそらく歴史を編修していた誰かでしょうが、今となっては知る由もありません。

六月一一日、月曜日。この日は、藤枝を早く出ました。岡山で一三時五分発の快速に乗り換え、津山に一四時過ぎには着きました。車窓に流れる水田には、稲の苗が伸び伸びと育っています。もう一か月もすると、青々した稲田になります。

田んぼといえば、私たちは短冊状の細長い長方形の田んぼを思い浮かべるのですが、岡山から山の中に入り、結構な広さの水田地帯は別にして、谷あいの猫の額のような平坦地に開墾された水田は、長方形の他の二辺が丸くなっていたり、また水田の形状が三角や円形だったりして眼を楽しませてくれます。これも津山へ帰るときの楽しみです。あらゆるものが規格化され、整然と配置されている現代の空間と比べて、昔の雑然として変化に富んだ空間——複雑系と言えばよいのでしょうか——のほうが、味わいがあってよかったと感じるのですが、読者はいかがでしょうか。

私は、津山線沿線の、このパノラマのように広がる田園風景が好きです。それは一見都市の風景と対照的で、寂しさ、陰鬱、不便さ、停滞、鬱屈、愚鈍といった世界に見えますが、反面、安住、安穏、静寂、調和、静観といった形容にふさわしい世界です。色彩も自然色に富んでいます。形態と色彩が調和しています。これは津山に限らず、農村や漁村に今なお残存している空間です。

女の意地

一五時三〇分にお寺へ着きました。子どもたちが、ランドセルを玄関に放り投げて、広間で遊んでいます。子どもたちが、学校が終わってからお寺へ来る理由は、もうお分かりだと思います。

延子の長女の法子は、養護施設の職員として働いており、朝、子どもを学校へ出してから施設で働いているので、子どもは、自宅には誰もいないので、学校からお寺へ帰ってくるのです。母が子どもたちの面倒を見て、夕方法子が勤めを終えてお寺へ帰ってきます。そうして法子一家は車で自宅へ帰るのです。

これは、延子が子育てをしたときと同じパターンです。陽平や美子、康之はこうして成長したのです。母はこうして三人の孫と、いままた三人のひ孫を育てているのです。これは、母の生きがいであることはいうまでもありません。

母が晩御飯を買ってきてくれと言うので、七千円を預かって天満屋へ行きます。菜の花のお浸し、モツの煮込み、うどんとカツ丼のセット、切り干し大根の煮物、枝豆を買って、二千円を出せばお釣りが来ます。食事をしながら、延子とハワイ行きの話がはずみます。そばで母が聞き耳を立てています。母に「沖縄へ連れていってやる」と言うと、「行かん」といいます。どうもハワイ行きのスケジュールを、私と延子で勝手に決めたのが気に入らないらしいのです。

その後、話が、正子《まさこ》のことになりました。正子というのは、父の戦死した兄一成さんの一人っ子で、正子とは私が中学校時代まで一緒に生活していました。この日記には、実に大勢の人が登場します。

「一成さんには勝間田――津山の東方にある町――の金持ちの人がついとって、（大学進学には）お金を出してあげるということだった。私は、てっきり一成さんと結婚するのだと思うとった。一成さんの奥さんの恒子さんは、田町の出で姓を田中と言うた」

と、昔を思い出します。

「恒子さんのお爺さんはええ人じゃった。私の結婚式にきてくれた。恒子さんは俳優（女優）さんみたいに綺麗な人だった。正子は恒子さんが置いていったので、正子が三歳くらいから私が育てた。學進さんは、正子を私に馴染ますために、父と早よう結婚させたんじゃろうと思う。學進さんは、恒子さんを『あんな女はいらん』と言うた。一成さんが戦死して未亡人になった恒子さんに、中島先生（医師）が仲人になって男をたてたけど、結局別れたんじゃ。恒子さんが正子に会いとうて（会いたくて）、私が背中に負うて、駅まで会いに行ったことがある。でも、正子は会いとうないという風に、背中のおいこばんちゃの中へ、もぐりこんでしもうたけん、連れて帰ったことがある」

と、振り返ります。

通訳をしますと、こういうことです。また、あとで話が出てきますが、恒子さんにしてみれば、結婚して一人子どもをもうけたものの、翌年の昭和二十年二月二八日、亭主がフィリピンのルソン島で戦死してしまった。正子は生後まだ二か月にもなりません。さぞかし途方にくれてしまったでしょう。でも、自分はまだ若いので、これからの人生がある。幸い妙勝寺には母というしっかりした嫁さんが来てくれた。そして何年かがたちました。この際、子どもをお寺に預けて独り立ちしよう。でも、わが子会いたさで一目だけでも正子に会いたい……。

しかし、そのころには、すでに正子は母に育てられており、母を「おかあちゃん、おかあちゃん」と呼んで、自分の母のように思っている。津山駅まで、引き合わせるために連れて行ってはみたものの、しり込みする正子を、連れて帰ったというのです。これも戦争が引き起こした悲劇でしょうか。でも、私はこう思うのです。母は腹の中では、きっと、

「何をいまさら娘に会いたいと。亭主が死んだら、さっさと娘を置いて家を出たくせに。もう、正子は私の娘。渡せるもんか。それがおじいさんの意思じゃ。私が立派に育てて見せますけん」

と、思ったに違いありません。女の意地ですね。それにしても、戦争とはなんと非情な運命を作ったのでしょう。

恒子さんは、その後奈良で生活し、正子は、一度恒子さんに会いに行ったそうです。話はこれくらいにしておきましょうか。このあと、意外な事実が母の口から洩れることとなります。話は、仏壇のことになります。

「大きい仏壇を下に持って降りる。男手はあるけん」

と、またまた母は父の位牌を入れる仏壇の心配をします。

「あとあとは、藤枝の日蓮宗で拝んでもらうから安心して」

と言うと、

「藤枝の日蓮宗で墓地を作るんか？　藤枝から津山へ来るのは遠すぎるけん、藤枝がええ」

と、気を遣ってくれるのです。また「泊まっていけ」と言いますが、早々にホテルへ帰りました。

「泊まっていけえ」は母の口癖になってしまいました。

翌、六月一三日（水）午前中、少し会話をして名古屋へ戻りました。

学徒動員の記憶

七月二日、月曜日。この日も、岡山から快速ことぶきで、夕方、津山へ着きました。法子、延子、母と夕食をとりながら、ハワイ旅行で泊まるホテルについて相談です。だんだん、九月に予定のハワイ行きが近づいてきます。

　そのあとは、いつもの昔ばなし。私が戦争について本を書くと言っていることに、こうして家族ぐるみ協力してくれることは、本当にありがたい話です。私は、これまでに書いた本をすべて、みんなに配布しているので、皆は、今度はどんな本を書くのだろうかと、興味津々といったところです。とくに母には、

「戦争中のどんな些細なことでもいいから、思い出したら教えて」

と、手紙にしたためて伝えてあるので、頃を見計らってうまく話してくれます。年代順に整理するとこうなります。

「角一――母の父親――は中谷《なかだに》の出身で、男子のいない江見家へ養子でやってきた」

　角一の故郷の中谷へは、後日、母を連れて車で行くことになります。江見家は、母の母のきよが長女、次女が敏子で一方《いっぽう》というところの岡田家へ嫁いだのですが、八八歳で亡くなりました。妙勝寺から、ほんの二キロメートルほどの距離で、よく遊びに行きました。私の叔母に当たる人で、私が小さいころはよく可愛がってくれました。敏子の長男の重美は、岡田家の跡取りで、母の従弟にあたります。私が高校二年の時に岡山大学に入学しました。そして、長い間教職畑を歩みました。

　古満津《こまつ》が次女で、河辺《かわなべ》の鈴木家へ嫁ぎ、九一歳で寝たきりになっています。

　ところで、たびたび話題にしている軍需工場の郡是では、板谷さんという人がいて、この人によく物をことづけたと言います。工場の中では規律が厳しいので、無断外出はもちろんできません。

そこで、前に記した杉山あきえ――旧姓福田昭江――さんの日記にも出てくるのですが、家族からの差し入れや、逆に家族への付け届けなどは、工場内の知り合いを通じて、密かに行われたようです。母は板谷さんを通じて、これを行っていたようです。板谷さんは、すでに他界したそうです。

　西幼稚園に通ったことも、思い出してくれました。津山女子技芸は、終戦間近の昭和二〇年に卒業後、専攻課程へ進みたかったそうです。八月の玉音放送のことは、家にラジオがなかったので、就職した津山警察署で聞いたのだそうです。小野病院で聞いたとも言います。記憶がはっきりしないのでしょう。

思い出のミシン

　実家の江見には、戦時中防空壕が掘ってあって、そのなかに母のミシンが埋めてあったと言います。それで、少し錆びていたのだと振り返ります。このミシンは、足踏み式で、私が子どもの頃、庫裏と本堂の間の通路に置いてあって、母が足で踏みながら、よく縫物をしていたことを覚えています。このミシンでしつらえてもらった洋服を着て、私たちは育ったのです。思い出深いミシンです。

　通路の窓の向こうには養老院（後に児童養護施設の立正青葉学園）が見えていました。本堂へ通じる廊下の左に一部屋があって、そこは物置として使われていました。その部屋には、いろいろ珍しいものが置いてあって、使わなくなった箪笥や、ハナさんが弾いていたという琴がありました。私は、この部屋に入るのが好きで、爪を指につけてこの琴をよく弾いたものでした。確か「さくらさくら」を弾いたと思います。そういえば、飼っていた猫もこの部屋がお気に入りで、よく昼寝をしていました。

「米軍のB29が空高く飛んで行くのが見えた」

と、言います。おそらく飛行機雲も見えたのでしょう。B29は飛行機雲を出していたようです。学校では竹槍の訓練をやったそうですが、ある時、竹槍を持って行軍練習をしていると、おじいさんの駒十郎さんが、

「おい冨美子、そんな竹槍でどうやって飛行機を落とすんなら」

と、ひやかしに来たそうです。多分、酔っていたのではないかと思います。この話は、前にも書きました。この日記には、繰り返しが多いのでご了解ください。駒十郎さんは、かなりの酒豪だったようです。

「技芸には当時二クラスがあって、杉山あきえ——本名は昭江なのですが、彼女の日記を公にした親族が配慮して、ひらがなにしたようです——さんは、その中におったはずじゃ」

と、回顧します。

延子曰く、

「母は勉強が出来たらしいんよ。警察では、岡山空襲の視察にも行ったくらいじゃけん」

と。母が、勉強ができたとは、わたしにとっても嬉しいことです。私は母似だと思っているので、子どもの頃は、あまり勉強はしませんでしたが、こうして、大学教授としてまあまあやってこられたのも、母の血筋のお蔭だと思いたいからです。私が、二〇一一年三月に、名古屋産業大学という理科系の大学院で、博士号を取得したことは、母への何よりのプレゼントだったと思っています。

テーマは風力発電についてでした。もちろん父も喜んでくれて、公聴会――大学院博士課程の博士号授与には、一般者も参加した公聴会で発表して合格することが前提になっています――の日には、延子を伴って、わざわざ津山から聞きに来てくれました。

母の裁縫の先生になりたいという夢を打ち砕いてしまった戦争を、私は憎みます。学徒動員さえなければ、母は専修課程へ進んで、高校か小学校の家庭科の先生になっていたはずです。

ミシンにはこんな思い出があります。確かリッカーミシンだったと思いますが、私がミシンで雑巾か何かを縫っていると、母が涙ながらに私のそばへ座って、こう言うんです。

「あいつにいじめられた……悔しい」

「あいつ」とは誰か、子どもの私にも分かったので、

「何を言われた」

と聞くと、ただただ涙を拭うばかりです。母は、どんなに辛い仕打ちを受けても、決して他人に、まして、私にも決して口に出すようなことはありませんでした。確か、私が小学校の五、六年のことではなかったかと思います。

後に、私が高校二年の時だったか、夫から私の目の前で受けた辱めに対しても、ただ涙して耐えるのみでした。高校二年の私は、体格が父親を上回っていましたから、事と成り行きによっては、母の防御に回っていたかもしれませんが、事なきを得たのは、母の忍耐でした。

運命の糸が綾成す糸の申し子

「爆弾の音が、津山にも響いてきたんで。ほんに怖かった」

と、言います。本当だろうかと思いましたが、まあ、岡山空爆の凄まじさを表現したものとしましょう。岡山空襲については体験記があります。

「寺へ嫁いで来るときは歩いてきた。弟の忠が、大八車で嫁入りの荷物を運んでくれた。酒屋の西田が言うことにゃ、『辛抱して耐えて下さい』と」

　西田というのは、前にも書きましたが、父の二番目の姉の妙子さんとその下の鶴子さんが嫁いだ先の姓で、妙子さんの嫁ぎ先は酒屋、鶴子さんの嫁いだ先は旅館といずれも商家でした。

「昭和二三年に延子を身ごもった時に、仲人の荒尾さんが、出産の間が一年経ってないけん、堕ろすように言われたけど、ハナさんが『産める時に産んどけ』と、出産を勧めてくれた」

と、回顧します。もし、荒尾さんの言うことを聞いていたら、今の延子はいないことになりますし、妙勝寺を継いだ康之も生まれていないことになります。もしかしたら、私が寺を継いだのかもしれません。運命というものは、ちょっとした綾で決まるものですね。運命という糸が綾なす宿命とでも言いますか、これもこの小説の重要なテーマです。

「お稲荷さんにある千羽鶴は、久志と延子が折ったものだ」

と言いますが、どうも、私には千羽鶴を折った記憶がとんとありません。昔、よく折り紙をしていたことは記憶にあるのですが。お稲荷さんは、最上稲荷系のお稲荷さんで、私が小さいころは、冬に「講」が行われていました。お参りの人も、大勢ありました。

お稲荷さんの正面左と右手に大きな椿の木があって、毎年春に綺麗な花を咲かせていました。このお稲荷さんの建立の時期は定かではありませんが、妙勝寺の建立が四〇〇年前*と言われますので、歴史は四〇〇年以内ということになります。このお稲荷さんは、岡山県南の最上稲荷の系列だと思います。私が、高校一年か二年の時に、最上稲荷のお嬢さんが、何か事情があったのでしょう、津山市の美作高校へ編入するためにお寺へ下宿しました。体が不自由な人でした。

部屋は、私たち兄妹が使っていた玄関横の和室を提供しました。最上稲荷へは、父と一度行ったことがあります。ですから、西大寺の最上稲荷と妙勝寺は、何らかの関係があったことは事実のようです。稲荷の右手の道路に面したところにあった椿の木は大きな木で、幹の直径は三〇センチ近くあったでしょうか。私はこの木に登るのが好きで、学校から帰ったらよくこの椿の木に登っていました。お稲荷さんの建物の周りは、ぐるりと一周できるようになっていて、裏側の通路には、小さな祠がいくつも並んでいて、蝋燭やお供えがあげられていました。このお稲荷さんを管理することも、母の仕事でした。

妙勝寺の瀬川家の主婦としてのさまざまな家事労働、同じく妙勝寺の寺庭婦人（坊守）としての、寺院の管理運営の補佐、仏教儀式その他の仕事、近所との付き合いなどで、妙勝寺と一体なった生活を、したがって人生を送っていたわけです。

千羽鶴を折ったことは、どうしても思い出せません。そのうち、何かがきっかけで思い出すのかもしれませんね。

＊「住職瀬川一行口述　聞き書き辰野貢　妙勝寺物語」（平成六年九月六日）による。

この資料は、故瀬川一行が、生前、妙勝寺の歴史を社会福祉事業の歴史とともに口述したものを、檀家の辰野貢氏がまとめたもので、県北における社会福祉事業の歴史を知る上で貴重な資料です。

第三章　天国への旅立ち

寺庭婦人のプライド

七月二七日、金曜日。大学は期末定期試験、でも今週で終わりです。茹だるような暑さが続いています。自分の持ち分の授業の試験を終わってから、名古屋駅へ向かいました。父の初盆の相談もしなければなりません。延子が「夕方仏壇を下に降ろす」というので、六時半にお寺へ行きました。

大型の仏壇は、二階に置いてあったのですが、父がいなくなり、一階の夫婦の部屋にスペースが出来たのと、父の位牌を守らなければならないので、母の寝室に移すのです。瀬川家の先祖代々の位牌を収めてある大型の仏壇です。

父の真新しい位牌もここに入っています。母にしてみれば、足が悪いので、線香をあげにいちいち二階へ行くのは困難ですから、一刻も早く一階の自分の寝床のある部屋に持って降りたかったのでしょう。かなり大きな仏壇です。家庭用の仏壇としたら最大級のものです。

男二人で二階から持って降りようというのですが、生憎康學《こうがく》くんが体調不良で、明日に延期しました。康学というのはすでに出てきたように、延子の次男で名を岸本康之というのですが、得度後の法名を康學としました。康という字はこうとは読みませんが、父の命名で康學《こうがく》上人となりました。学は學進さんの学をもらいました。父の本葬の時に、組寺《くみじ》のお坊さんが、やすがくと呼んでしまい、参列者の笑いを誘いました。

夕食をとりながら、いつもの昔ばなしに興じました。母は、私のためにいろいろ思い出しては、話してくれます。

「正子をおんぶしようったら、豆を売りにくる人が『早くに生んだのか』と聞くので、面倒くさいので『そうだ』と答えておいたんじゃ。それで、私は一九歳で嫁いで来て、三歳の子どもをおんぶしているので、一六歳で子どもを産んだことになり、噂が広まったのかもしれん」

と、能天気なことを言います。

「一九で嫁いで来て、三歳の子をおんぶしていたら、子連れで嫁いできたということになったのか」

と、混ぜ返してみたら、

「まあ、そういうことじゃろ」

と、あっけらかんとしています。

このへんが母の楽天的な性格で、物事をあまり杓子定規に考えないというかアバウトにしてしまう、良く言うとおおらかな性格です。私が、自分が母に似ていると思うのがこの辺の性格です。逆に、延子は父親似のところがあって——体つきもそうですが——割と気難しいというか厳格なところがあり、良く言うと確《しっか》りしています。

「あんたが物心ついたころ、『お前のおかあちゃんは、一六の時に子どもを産んだ。ませた女じゃ』という噂を聞きつけ、事の真偽を確かめようと、学校からハアハア言いながら走って帰ってきたんじゃ。それで、かくかくしかじかと話して聞かせると、納得して、走って遊びに行ってしもうたんじゃ」

と、眼を細めて言います。思い出話は続きます。

「津山駅へ正子をおいこばんちゃ*でおんぶして、母に会わせに行ったんじゃ。そしたら、着物の中にもぐり込んでしもうたけんそのまま帰った」

と、同じことを繰り返します。同じことを繰り返すのは、高齢のせいなのでしょう。

＊おんぶ紐のこと。美作地方の方言。

私は無理を承知で、

「おばあちゃん藤枝においでよ。静かな環境で畑仕事などすることいっぱいあるから。いやになったらいつでも帰ればいい」

と藤枝へ来ることを勧めるのですが、

「行かん」

と、にべもなく断ります。私も、もちろん母の生きがいが、お寺を護ることとひ孫の世話をすること――ひ孫の成長を見守ること――それと兄弟の初恵さんと稔さん、それにもう一人を上げれば、母の弟で故人の忠の長男の喜一にあるのをよく承知しているので、多少のリップサービス――いやなことがあったらいつでも出ておいでという意味――なのですが、ことあるごとに、藤枝へ来ることを勧めます。

また昔話に戻ります。私としては、母を藤枝へ呼び寄せて、そこでのんびりと余生を送ってもらいたいというのが嘘偽らざる気持ちなのですが、母がこれに応じることは絶対にありえないことは百も承知です。

なぜか。それは、お寺に生まれ育った者でないと分からないことですが、寺庭婦人の意地です。親が決めた不本意な見合い結婚で嫁いできた寺院で、六〇年の生涯を送ってきた、今ならば、考えられないような「女の一生」でした。自分の自由になる銭など一銭も持たしてもらえず、夫は幸いなことに、女遊びをするでもなく、外泊をするでもなく、模範的な夫でしたから、また、二人の子どももまあまあ出来のよいほうでしたから、何一つ困ることのない、幸せな人生を送ってきたのでした。それは事実です。

しかし、私にとって母は自分の母である前に、寺院に嫁いできた寺庭婦人なのです。寺庭婦人という第一義的存在を介して、母は私の母なのです。寺庭婦人の義務の一つに、わが子を仏道に導き、寺院の後継たらしめるために、よく教育することというのがあります。母の胸のうちは、よくは分かりませんが、母は意図的に私を寺院から遠ざけようとしたきらいがあります。しかし、これは私の推測に過ぎません。

「寺院に縛り付けられるのは私一人で終わり。息子には、もっと自由で大きな世界で生きて行って欲しい」

と、母は考えたような気がします。

太平洋戦争の落とし子

「荒尾さんが、妙勝寺が私をもらいたいと言うてきたんじゃ。百姓屋へ嫁にいくつもりでいたけど、いやになったらいつ帰ってもええと言われ、『これで終わった』と、思って嫁いできたんじゃ」

と、多少本音を語ってくれました。「これで終わった」とはどういうことでしょうか。薄々は分かるような気がしますが……。

「私が生まれたころは、周りが戦争、戦争じゃった。八月一五日は警察に出とったけん、警察で玉音放送を聞いた。そのころ起こったことは、何もしゃべっちゃいけんと、硬く口止めされとった」

「昭和二三年頃まで近藤《ちくとう》ミチ、進《すすむ》兄弟が養老院におった。フィリピンから来て、姫路に収容されとったが、新見――津山の西に位置する地方都市――に行き、津山で保護されたんじゃ」

先の父の口述「妙勝寺物語」にも、

「瀬川一行氏は……戦後昭和二一年五月、復員しました。帰ってきて驚いたことは、養老院に老人ばかりでなく、子どもが四人もいたことです。二人はフィリピンから現地出生の孤児を軍人が連れて帰ってきたもの、あと二人は大阪の戦災孤児でした」

とあります。母の話にある二人（近藤ミチと進）はこのフィリピン人の二人のようです。

私は、この二人が、フィリピン・ルソン島のプンカンで戦死した一成さんと、何か関係があるような気がしてなりません。なぜなら、当時の部隊は同県人で編成されていたと聞きますし、フィリピンからの復員は、佐世保だったからです。あと二人のうちの一人は、すでに紹介した荘司稔さんでしょう。残りの一人は、またあとで登場します。太平洋戦争の落とし子です。

七月二八日、土曜日。早朝から、二階に置いてある仏壇を、母の部屋に、苦労して降ろしました。降ろすと言い出したのは延子だそうです。

最近の個人主義的な世相のことを話題にすると、

「家族と自分は別々という人間が増えた。私や、孫とお寺のために生きるで」

と、信念を主張します。母は、根っからのジェンダー主義者なのです。もちろん、ジェンダーなどという言葉は知りませんが。

一般論ですが、いまの時代、嫁ぎ先の嫁、姑の関係の中に入り、好き好んで耐える女の子などいるはずがありません。結婚直後に、性格の不一致で別れるのが当たり前の若者に「耐えてください」など、戦前・戦中に美徳とされた人生訓が通用するはずはありません。古い時代に生まれたものの、ひがみ、妄想と言われればそれまでですが。

母の死

延子と二人で、苦労して重い仏壇をおろすと、母は「やっとおじいさんが帰ってきた」とご満悦です。仏壇は、母の寝床のちょうど頭のところに置きました。

「ハワイに行ったら、ようけ（たくさん）写真を撮ってきてくれ」

と、母は言います。デジカメで撮った写真を、アルバムに製本してやろうと思います。ネット経由で、手軽に安く製本してくれるサービスがあります。盛んにテレビで報道している、岩国に配備予定の米軍の「欠陥」輸送機オスプレイを見て、

「日本をバカにしとる」

と、これまたご立腹です。孫の夏休みの宿題が太平洋戦争ということになり、郡是——現在の社名はカタカナでグンゼとなっています——へ連れて行くことにしたと言います。母の時代、戦闘機生産で戦争に協力してきた郡是は、戦後は津山グンゼ株式会社として、元の繊維会社として経営を継続しています。グンゼについては、私には、一生忘れることのできない、思い出が詰まっています。でも、これはまた別のテーマになります。いま、同社の簡単な履歴を示すと次のようです。

一九一六年（大正五年）　グンゼ株式会社津山工場として設立、生糸の生産を開始。
一九五四年（昭和二九年）　生糸の生産に終止符を打ち、合織加工事業への進出、生産を開始。合織ミシン糸への転換を進める。
一九七二年（昭和四七年）以降　ミシン糸の一貫生産工場としてミシン糸に専念。
二〇〇三年（平成一五年）一〇月　津山グンゼ株式会社として独立し、蓄積した技術、設備を生かし分野を拡大中。

「（工場の）中に入れてくれるだろうか」と心配しますが、ひ孫のことになると機嫌がよいのです。私が、戦争中のことは若い人に語り継いでいかないといけないと、常々言っておりますので、孫の宿題の社会見学に選んでくれたようです。

「河辺の鈴木義政――すでに紹介した母の叔母の古満津の長男――が、一行の初盆のお供えにトマトを持って来てくれた」

と、言います。河辺の鈴木は前にも言いましたように、母の伯母の古満津さんの嫁ぎ先で、彼女は今年で九三になるのですが、寝たきりだといいます。

「河辺のおばさんは、九三歳で寝たきりじゃけど、まだ生きとる。お爺さんより長生きじゃ」

と、相変わらず身の上を案じます。それから思い出したように、

「私が掛け時計を買うてきたら、おじいさんは『勝手に買うてきた』と怒った。『わしが買おうと思うとったのに』と言って」

こういう思い出話をするときは、母は不機嫌です。よほど腹に据えかねていたのでしょう。前にも聞いたのですが、二回繰り返して言うあたりは、よほど根に持っているのではないかと思います。

母のきよのさんのことについて聞くと、

「田んぼのあぜ道で転んで、とげが手首に刺さって、それを放置しとったら具合が悪うなって、施療院（近所の病院）へ連れて行ったんじゃ。そしたら、容体が急変して死んでしもうた。施療院の奥さんが『すみませんでした』と謝りに来た」

私は、この話をずいぶん前に聞いていたのですが、実は忘れていて、今回、聞いて思い出し、さっそく日記に書きとめたところです。私にとってはどうでもいいことが、母にとっては、すごく大事なことなのですね。それもそのはず、自分の母ですから。私が浅はかでした。

施療院という病院は、次のような経緯で建設されました。大正天皇の即位の折の恩赦で、大量に

受刑者が釈放されて地域に戻ってくる、その受け皿として、美作地域仏教界が団結して、救済・更生援助に乗り出しました。その運動の一環で、のちに江見家の近くの大圓寺という寺院が、大正八年に開設した医療施設です。社会福法人弘済寮として現在に至っています。

昭和二年には、岡山県知事の笠井が始めた済世顧問制度の援助組織・済世会――現在の社会福祉協議会の前身――が出来ました。學進さんが報恩養老院を開設したのが、翌三年のことでした。このように、津山市における社会福祉事業の黎明期には、仏教界の団結と先駆的活動とがあったのです。

母は、昭和三年、妙勝寺の檀家の農家に生まれ育ったたわけですから、このような社会環境から影響を受けていることは、言うまでもありません。母のきよのさんが破傷風にかかり、診てもらった施療院は、実家から歩いてほんの二、三分のところにあります。

郡是再訪

八月九日、木曜日。暑い夏、もう八月になりました。この頃、私の体内の下腹部では癌細胞が増殖中だったのですが、私は、まだそのことに気づいていませんでした。癌との戦いについては、後でしっかりと触れます。

強烈な太陽光線が容赦なく降り注ぎ、肌を焦がしていきます。母は、この灼熱地獄を耐えることができるでしょうか。熱中症で倒れ、死亡する高齢者が最近とみに増えています。厚生労働省の資料では、平成二二年の熱中症による死亡者数の約八割（七九・三パーセント）が、六五歳以上だそうです。

八月は、八日に来る予定が一日繰り下がって九日、車に荷物を積んで津山へ向かいました。車で行くときは、東名―名神―中国自動車道を走ります。途中大学の研究室へ寄って、成績のことなど仕事をかたづけ、津山には午後二時半に着きました。

高速道路は、途中の京都あたりで渋滞があったものの、順調に走りました。今回は、大学の同僚らと津山市近辺のドライブ旅行です。打ち合わせ通り、同僚の三宅、早野、名古屋大学の横山の三氏が到着、妙勝寺、養護施設を案内、続いて誕生寺を訪問しました。

誕生寺は、私の大学が浄土宗の大学で、その宗祖法然上人が生まれた場所です。誕生寺住職と、大学の学監の田中祥祐氏とは知り合いなので、受付で挨拶をしました。誕生寺から立正青葉学園へ案内し、施設の中を見てもらいました。夜は、延子を交えてホテル一階の居酒屋で、福祉について情報・意見交換を行いました。早野氏は、社会福祉の専門家なので、延子に熱心に質問をしていました。


八月一〇日、金曜日。三氏を鶴山公園、院庄の作楽《さくら》神社、勝山の町並み保存地区へ案内、午後一時半に別れました。三宅、横山氏は福岡へ向かうので、残った早野氏を倉敷の観光地美観地区へ送り津山へ戻りました。

少し早い夕食を始めたところ、いつになく母はグンゼのことについて話してくれます。ひ孫の夏休みの宿題で、グンゼを訪問したからです。響と母の法子、父親と母で訪問したようです。法子に言わせると、

「おばあちゃんは、宿舎と風呂のことしか覚えとらなんだ（覚えていなかった）」そうです。当時の女子寮は、そのままにして残してあったといいます。工場は、中の機械は全部処分したと言います。母によると、こうです。

「正門を入って一番南側に女子寮の建物があって、会議室があって、そして大きな食堂が並んで建っとった。トイレも隣接しとった。工場のはずれに『のうのうさん（小さな祠）』があり、赤色の扉がついとった。津山高女（女子高等学校――現在の津山高校の前身で、当時は女子高と男子校に分かれていた――）の末房さんとは仲良くして、よう喋ったもんじゃ」

と、回顧します。記憶が蘇ってきたのでしょう。

「のうのうさん」というのは、古い言葉で仏様や神社のやしろや祠、お月様のことを言います。「のうのうあん」と言って手を合わせます。この言葉を知っている人は、もういないでしょう。母と私は、小さいころ延子のことを「のうちゃん」と呼んでいましたが、それはなぜかわかりませんが、「のうのうあん」と関係があるのでしょうか。母は、今でも延子のことを「のうちゃん」と言います。

工場見学で法子の旦那が撮った写真を見せてもらうと、パネルに当時の工場や宿舎の配置がきれいに描かれています。戦時中の工場の配置図が、壁に掲示されているのだそうです。

「米軍の戦闘機や爆撃機による空爆が激しうなって、空襲警報が出ると、高野神社まで逃げた」

と、言います。高野神社というのは、グンゼ工場から西に少し行ったところにある神社です。今昔物語に、「今は昔、美作の国に中参・高野《こうや》と申す神在します。其の体は、中参は猿、高野は蛇にてぞ在しましける」とあり、毎年生贄を供えていたとの伝承があります。

「光井病院の先生も、津山中学から郡是へ勤労動員で来とった。光井先生は養子を取り、その子どもが美子と同期じゃ。吉崎さんは水島へ動員された」

と、身の回りの人たちが動員されたことを思い出してくれました。

「工場訪問に応対してくれたのは、五〇歳くらいの人じゃが、動員の時代のことは何も知らんかった。そりゃ、あたりまえじゃな。私は三〇センチと五〇センチ（三〇×五〇）の鋼板に鋲を打ち付ける作業をしとった」

と、作業内容を思い出してくれました。しかし、飛行機の燃料タンクあたりだといっても、その辺はよくわからないらしいのです。実際、工場で作業をしている人たちにとって、自分がどの工程をしているのかは、極秘だったのでしょう。まして、飛行機の組み立ては、岡山県南の水島の三菱重工業ですから、学徒動員の急造工員に分かるはずはありませんね。ハンマーで打ち付ける訓練はよくやったといいます。

「まさか日本が負けるとは思うとらなんだ（思っていなかった）。昭和一八年じゃったと思うが、B29が（西から東へ）飛んでいくのを見た。戦争に負けたら男は全部島流し、女は売り飛ばされると教えられとったけん、絶対負けんと心に決めて頑張ったんじゃ。技芸から郡是までは竹槍行進をようやった。

安岡町の板谷さんの舅が、食べ物を郡是へ持ってきてくれた。郡是の食堂で料理をしょうった人を、二、三年前に街で見かけたが、別に声はかけなんだ」

いろいろ記憶が蘇ってくるようです。次いで話が初恵さんの子ども時代に及びます。記憶というものは、誰でも断片的で芋づる式の連鎖反応で蘇ってきます。

運命のいたずら

「井上の自転車屋の所に江見肇おじさん――江見きよのの兄か――がおって、子どもがおらなんだけん（いなかったから）、初恵を預けて守り（子守）をしてもろうた。初恵は『私には父が二人と母が二人おる』と、よう言うとった」

と、昔の記憶を引っ張り出してくれます。記憶の泉は、まだまだ、枯れてはいないようです。何かの弾みに思い出したことを、紙に書いておいてそして教えてくれているようで、たまらなく嬉しい気がしました。さらに、

「一成さんと恒子さんは、西小学校で一緒じゃった。あんたが小学校六年生の時、母が一五歳の時に子どもを産んだという話を、学校で聞いて走って帰ってきた。私が生んだんじゃのうて（産んだのではなくて）、恒子さんが正子を産んで、これこれしかじかで、結局、家を出たので私が育てているんだよと言って聞かせると、納得した」

と、言います。このことはすでに書きました。でも、この話は私には記憶がないのです。さらに、生々しい記憶が蘇ります。

「恒子さんが家を出ていくときに、學進さんは五〇万円を恒子さんに渡したんじゃけど、それは、恒子さんの実家の田中の家まで私が持って行った。荒尾さんを通じて田中家へ渡したんじゃ」

と、言います。一方、恒子さんが子どもを置いていく以上、遺族年金は正子がもらうことになった

わけで、その生涯支給分を學進さんは支払ったのでしょう。このことは、私は初めて聞きました。延子もそばでびっくりしています。一成さんは東京商科大学出で、大牟田の三井三池炭鉱へ就職したエリートです。恒子さんにとって、その旦那さんの戦死は、人生のやり直しを決断させるほどの痛手だったのでしょう。

この記述は、母の記憶をもとに、筆者が推測しているのであって、記述を証明する具体的事実が存在するものでは決してありません。でも、状況証拠は十分です。一成さんが昭和二〇年二月二八日、フィリピンのプンカンで戦死との報告が届き、恒子さんに見捨てられる正子の行く末を思い、祖父はやがて満州から引き揚げてきた父との結婚を急がせた。そして私が生まれた。私は、一成さんの死に、そして戦争に感謝しなければならないのでしょうか。終戦直後に生まれた団塊の世代は皆、戦争が織り成す綾の中で生を受け、その後の人生を歩んできたのです。いや、戦後世代は皆、戦争の申し子なのです。

はがきで、「本の出版（『青空が輝くとき』）は二年後になるので、思い出したことがあったら話してほしい」と書いておいたのが功を奏したようです。本当によく思い出して喋ってくれました。私は、この本の出版を通じて、「置き去りにされ、半ば失われた親子関係」を修復しようと必死なのです。母はそれに応えてくれているようです。母は子の心を見透かしているのです。そして、続編に当たる本書の出版も、心待ちにしてくれているのでしょう。母というのは、なんというありがたい存在なのでしょうか。

母の推理では、昭和二〇年二月二八日、一成さん戦死の訃報が届く、恒子さんは正子をお寺へ置いて再婚の決意をする、八月終戦、翌二一年五月、父が満州から帰還、學進さんは正子の面倒を見てもらうために、父と母の結婚を急がせる、こういうシナリオを描いたのです。私も、そのシナリオに賛成です。

見合いもそこそこに、翌昭和二二年六月に結婚し、二三年八月に私が生まれます。一成さんが戦死せずに、生きて帰ることが出来たのなら、父と母の結婚もなかったはずで——政略的に決まっていたかもしれないのですが、そんなに急いで結婚することはなかったはずで——ちょっとした綾で、私も生まれていなかったでしょう。

運命のいたずらとは、こういうことを言うのでしょうか。綾の模様は、その後の母と私たちの人生にとって、美しい模様を与えてくれたと信じたいものです。一成さんは、なぜフィリピンのプンカンで戦死したのでしょうか。私は、このあと正子とともにフィリピン、ルソン島の山奥へ旅をして、この真相を考えることになります。

塩出池の思い出

八月一一日、土曜日。朝早くお寺へ行き、父の一五日の初盆の案内を親戚に電話しました。江見喜一、稔、西村正子この三人だけです。あと、延子の嫁ぎ先の岸本の関係は、延子の方から連絡済みでした。

この日は、母を車で連れ出しました。高野の駅前に佐古真知子という人がおり、その方が、母が、面識はありませんが、郡是で一緒だった、杉山あきえさんを知っていると言います。佐古真知子さん宅を訪ねたのですが、杉山あきえさんという人は、どうもよそから嫁いできた人だというのです。名前が間違いないならその人なのですが、あきえさんは、残した日記の内容から判断して、高野から津山方向へ少し行った所の線路際に自宅があったのだから、違うことになります。その辺には杉山姓がいくつかあるので、聞いてくれるといいます。

実はこの時点で、私は「杉山あきえ」さんの名前で書かれている手記を注意深く読んでいなくて、結婚前の名が福田昭江さんであることを知らなかったのです。手記の著者であるあきえさんの妹の旦那さんの赤座さんが、個人情報の関係から仮名を使って書いたものだということを、佐古さんに伝えなかったために、彼女がいたく混乱したのでした。

その件は、結局、佐古さんに任せるとして、母を連れて、塩手池までドライブを楽しみました。「塩手池は、鉄砲町の江見のおばさんに初めて連れて行ってもろうたんじゃ」

と、懐かしがります。鉄砲町の江見というのは、中学、高校時代の私の親友でその母の姓です。その人は、塩出池のある日本原の出身なので、連れて行ってもらったのです。塩手池で思い出を辿りながら、しばらくくつろいで池をあとにしました。池で記念写真を取り、この写真を元に、後になって母の肖像画を、地元の画家に書いてもらうことになります。津山市街地に戻り、お昼を、うどん屋の「千両」でとり、昼過ぎに帰宅しました。

悠長な作家――谷崎

母は疲れたのか昼寝に入りました。足が悪いこともあって、やはり遠出は疲れるようです。

いったんホテルへ戻り、シャワーを浴びて津山高校のグランドの西にある、作家・谷崎潤一郎の戦時中の疎開先を訪れました。谷崎純一郎が、細雪を書いていた頃、津山にいたことはあまり知られていないようです。津山高校は私の母校なのですが、高校生の頃、その目と鼻の先に谷崎の疎開先があろうなど聞いたこともありませんでした。私は高校一年生のときに、先輩の岡さんから誘われて、文芸部に入ったのですが、谷崎の本は読んだことがありませんでした。

お寺の奥さんに聞くと、建物が建っていた場所へ案内してくれました。谷崎潤一郎が、太平洋戦争の末期に津山へ疎開していたことは、実は私は最近になるまで知らなかったのです。場所を写真に収めて、妙勝寺へ向かいました。谷崎は『痴人の愛』で有名ですが、どうも彼のその作風（フェティシズム――物神崇拝または性的倒錯）にはなじめません。このことについてもまたあとで触れます。

私はプロの作家ではないので、そんなことはどうでもよいのですが、みんなが挙国一致、国家総動員体制のもと、必死で戦っている折に、疎開先で悠長に小説などよくも書いていられたものだと、ただ感心しているのです。

コンビニで昼食を仕入れて、それを箸でつつきながら、母と歓談するのですが、話が同じことの繰り返しになります。これに、法子夫婦が話に加わります。延子も、今日は寺にいます。

延子に、高野の杉山あきえさんが本人かどうか確認させたところ、やはり杉山あきえさんだといいます。年は八三歳、認知症でヘルパー付きの生活を送っていると言います。しかし、その人が美作高校を出ているとか、よそから嫁いできたという点が、昭江さんの日記の内容と異なっているのです。旧姓は中島というらしいのです。あきえさんは、高野から姫新線で津山へいく途中の、高野駅を出てすぐの沿線に実家があったはずです。長い年月がたっており、どうなのかよくわかりません。私は、刑事じゃないので、これ以上は調べることができません。旧姓は福田なので違うかもしれないと思いつつ話題を変えました。でも、後日、杉山あきえさんの消息が判明するのです。

もう、いくら話をしても同じことの繰り返しなのですが、母が、作陽技芸を終わって警察へ就職したのは、ちょうど警察に職員の空きができたのと、徴用がないので、近所の人に勧められたからだそうです。徴用とは、戦争中などに、政府が国民や占領地住民を強制的に動員して、兵役を含まない一般業務につかせることです。日本では、昭和一四年に国民徴用令が制定され、第二次世界大戦の終結まで行われました。ポツダム宣言受諾（昭和二〇年八月一四日）の三か月前、母一七歳のことです。そして、一行との結婚がそれから二年後の昭和二二年、一九歳のことだから、まる二年間戦後の自由な生活をしたことになります。

実は、結婚することになっていた人がいたと言います。しかし、繰り返しになりますが、仲人の荒尾さんに強く勧められ、「何かあったら帰ってもええか」「いつでも帰ってこい」という話で嫁ぐことになったのでした。「結婚することになっていた」人のことについては、これ以上喋ってくれませんし、私たちにも聞く理由がありません。

何度も書きますが、「小学校六年生の時に、学校で、お前のお母さんは一五歳の時に子どもを産んだという話を聞かされて、息せき切って帰ってきた」というのは、どうやら私のことのようです。

それで、先に記したように「かくかくしかじか」と説明すると、私は納得したらしいのです。ということは、それまで、私は正子が血のつながった兄弟だと思っていたことになります。驚きました。ですので、その事実を知ってからの、私の正子に対する態度は変わったはずなのですが、このことについてはあまり記憶がありません。

「一成さんが岡山で出征するときに、正子は恒子さんに抱かれて見送りに行った」と言います。しかし、この母の記憶は、事実とは異なっています。正子が生まれた昭和一九年一二月には、一成さんはすでに台湾へ召集されていたからです。一成については、大学卒業後のことは不明な点が多いのですが、出征が昭和一八年か一九年だとすると、つじつまが合うような気がします。正子が生まれたのが昭和一九年の一二月ですから、逆算してその年の二月頃は、多分奉職先の福岡県大牟田市の三池炭鉱で二人は新婚生活を送っていたことになります。この推理が一番正しいように思います。フィリピンのブンカンへ慰霊に行く企画も浮上し出しました。

呪われた谷——津山三〇人殺し——

八月一二日、日曜日。母は、ひ孫が夏休みの作文を書くための資料として、原稿を書いたようです。それには、「女学校の四年の時に郡是へ学徒動員で行った、戦闘機の爆弾を落とす穴の鉄板に鋲を打つ仕事をしていた」と書いてあります。私は燃料タンクの下のところだと思っていたのですが、おそらくこれが事実でしょう。

連合艦隊長官の山本五十六が南方視察に赴いた際、敵戦闘機に撃墜されて、ブーゲンビル島の密林に墜落戦死した時に乗っていたあの一式陸上攻撃機です。旧型の九六式陸攻では胴体下の機体外部に搭載していた爆弾や魚雷を、胴体内に収納するようになり、戦闘能力を向上させたのですが、母は、その扉を作っていたようです。一七歳の女子高生が勇ましいものです。

そのあと、「津山三〇人殺し」のあった加茂の貝尾集落（一部坂本集落を含む）を見学しました。この事件は、一九三八年（昭和一三）五月二一日未明に、岡山県苫田郡西加茂村大字行重（現津山市加茂町行重）の貝尾・坂元両集落で発生した大量殺人事件です。母が一〇歳の時に起きた事件です。

二時間足らずの間に集落の三〇名――殺戮直後に自殺した犯人を含めると三一名――が死亡し、三名が重軽傷を負うという、日本の犯罪史上前代未聞の殺戮事件です。作家の故松本清張が、『闇に駆ける猟銃』（『ミステリーの系譜』中公文庫、一九七五年）の中で取り上げています。ほかにも何冊か関連する書籍があるのですが、どれも偏見に満ちていて、清張の本が一番公平であるように思います。

加茂市街から見える山の向こうに、貝尾の集落が、いまもひっそりと眠るように、生活の息吹を伝えています。いかにも陰湿で閉鎖的な場所のような印象を受けますが、それは先入観のせいでしょう。V字型の谷あいに民家が点在し、お互いの家から近所の家は見えません。道は行き止まりで、深い谷あいに閉ざされています。

貝尾集落への入り口から、坂を上っていくと、貝尾の集落があります。田んぼで、農作業をしている人がいます。八〇歳くらいでしょうか、腰の少し曲がった女性が、坂の上から降りて来ます。集落の中には、いくつかの墓地があり、「昭和十三年五月二十一日没」の碑文が刻まれた墓がありました。事件の犠牲者の墓です。この墓地では、五十歳くらいでしょうか、女性が草取りをしています。「こんにちは」と声をかけると、「こんにちは」と返事をします。

集落では、田圃を作って生活しています。集落の入り口には季節外れの真っ白な紫陽花が咲き乱れていました。花は事件のことなど何も知らないようです。事件を起こしたのは都井睦夫という若者ですが、このような谷あいの集落で、あの悲惨な事件が起きたなど誰が信じましょうか。私の『青空が輝くとき』の中で、この事件のことを取り上げていますから、ぜひ読んでください。

いやらしい付文

夕方、いやに蒸し暑いと思っていると、案の定、雨が降り出しました。時計は、午後五時半を指しています。夕立です。傘をさして、お寺へ向かいましたが、お盆なので、お寺の駐車場は、お墓参りの人たちの車でいっぱいです。ですから、車はホテルへ置いてきました。

ひ孫たちは、日曜日は延子の旦那の一美さんが夕食を作るので、全員が岸本家へ行ってしまいました。檀家回りから帰ってきた住職も、自宅へ行ってしまいました。というわけで、お寺は私と母の二人きり。私はこの時間を楽しみにしています。

「オリンピックはまだ終わらんのか」

と、母がつぶやきます。テレビをつければ、オリンピックなので、うんざりしているのかもしれません。ちょうど、最終競技の男子マラソンが、スタートしたところです。日本人三選手が快調に走っています。二〇一二年のオリンピックはロンドンでした。

「あと四、五年、生きとるやら死んどるやらわからん」

と、独り言を言います。父に先立たれて気落ちしているのか、四十九日を迎えて何かを案じているのか、さびしそうな表情を浮かべます。

「百まで生きないとだめだよ」

と言うと、

「生きられるもんか」

と、薄笑いを浮かべます。母が、私に向かって「死」をよく話題にするので、この話題には付き合うことにしています。前立腺癌を患ってからは、正直、毎日のように癌転移の恐怖にさいなまれてきたので、「死」と同居した毎日を送っています。

「私のほうが先にいくかもしれない」

と言うと、

「馬鹿なことを言いんちゃんな」

と、一蹴されます。

　そうしているうちに、檀家からの言伝の紙を私に見せるのですが、内容は、隠す様子がないので覗くと、

「……おきれいでしたよ」

と、意味深な内容です。誰からの付文かは、聞きませんでしたが、

「再婚したら」

と、私が冗談を言うと、

「いかん！」

と、すごい形相で怒ります。

「この人は、奥さんがおるんで。いやらしい」

と、はき捨てるように言って、メモのような手紙をゴミ箱へ捨てました。それにしても、初盆がすまないというのに非常識なやつですね。このような輩が、仏教寺院の信行会組織に入っているなど、実に嘆かわしい限りです。では、一周忌が過ぎたらいいのでしょうか。それは私には分かりませんが、初盆がすまないうちにこういうことをするのは、言語道断であることは火を見るよりも明らかです。以前からちょっかいを出していたのでしょう。

といっても、わが身が果たして完璧に清潔かと問われれば、多少心もとなくはなってきます。この本は、できるだけ仏教組織の悪口は書かない方針で進めますが、書かなければならないこともある点、ご理解ください。決して宗教批判をやるつもりはありません。付文が悪いとは思いません。古来からあった、愛の告白の古式ゆかしいコミュニケーション手段ですから。しかし、四十九日も終わっていないのにですよ。


「明日はどうするんなら（どうするの）」

と聞くので、「柳原鉱山跡へ行く」と言うと、

「初恵のところより大分先らしい」

と、言います。柵原鉱山は、津山から、吉井川沿いに南へ行ったところにある、硫化鉄の鉱山跡で、今は、観光施設が整備されています。太平洋戦争末期には、爆弾の製造をやっていました。

「一緒に行くか」と誘うと、

「明日は新盆の飾りつけじゃけん行ったら怒られる」

と、言います。まだ、寺庭婦人を気取っているのです。雨脚が強くなってきたので、タクシーを呼びホテルへ戻りました。お寺でご飯を食べてはホテルへ戻る、もう、このような過ごし方が板についてきたようです。私は、母と二人きりで食事をするのが楽しいのです。ジークムント・フロイトが分析したエディプス・コンプレックスは、ある種の精神異常なのです。しかし、聖書に出てくる、母恋しさに、父親を殺したエディプス王の、性的倒錯のコンプレックスでないことは、賢明な読者はお分かりのことと思います。多少は歪んだ精神構造であるかもしれません。また後で触れることになると思います。

ジェンダー主義

八月一三日、月曜日。今日は雨です。朝から、父の祭壇の初盆の飾りつけで、慌しく立ち働き夕方になりました。この日は、午前九時過ぎにお寺に来たのですが、妙勝寺の前のお寺の駐車場に停めてあった軽乗用車が、車上狙いにやられて、警察が来ていました。物騒な世の中です。

夕方は、昨日と同じ夕立です。決まった時間に夕立がやってくるのも、どこでもそうですが、津山の気象の特徴です。夕立が来る前は、ものすごく蒸します。津山では、お盆の時期には、よく夕立がきます。雨の中を、母に頼まれた夕食と、お盆の迎え団子、父が好きだった、ワンカップなどを買ってお寺へ戻りました。

八月一四日、火曜日。午前中、柳原の鉱山公園を見学に行きました。太平洋戦争中、爆弾を製造していた記録は一切ないのです。当たり前といえばそれまでなのですが、失望の感ありです。探せばどこかにあるのでしょうが、地域の人にすれば迷惑な話でしょう。というよりも、負の遺産となることを避けたのでしょう。現に、終戦直後、天皇陛下が津山へ行脚されたときに、この柵原鉱山を訪問された記録があります。まあ、今となってはどうでもよいことです。繰り返し喋ることですが、母の言い分は、多少お説教じみたところもありますが、こういうことです。

「おじいさんは、別に女を作るわけでもなし、無断で外泊したり、夜遅くまで家を空けるでもなし、よい人じゃった。私にお金を自由にさせなかったのは、年が七つも年下じゃし、ようやり繰りをせん思うとったんじゃろう」

父は、瀬川家の生活費はもちろん、お寺の財務管理も、一切母に任せなかったようです。「お金がないけん、早う入れて」と、母が言うのをよく聞いた記憶があります。家計は楽ではなかったのです。

「こんど変な手紙を届けたら、自殺しちゃる言う。お寺の中で自殺があったら、周りがほおっちゃおかんけんな」

と、お寺の力関係が変わることを警戒します。私には、こういう過激なことを平気で言います。こんな時、私の心は痛むのですが、致し方ないことです。それにしても、出版社の編集担当者泣かせの発言をするものです。昭和の女の気骨ですね。決して悪気はないので、大目に見てやってください。

「爺さんが死んでから、檀家の私を見る目が変わってきたし……。何かあったら奥の部屋へ閉じこもっちゃるけん。いじめたら特養――特別養護老人ホーム――に入っちゃる」

と、強がりを繰り返し言います。

「岸本——延子の嫁ぎ先の姓——のばあさんは、孫の面倒を見なんだけん、いま特養にはいっとる」

と、皮肉を言います。本来なら、延子の嫁ぎ先の岸本家のおばあさんが孫の面倒を見るべきところを、自分が見たことへの自負心があるのでしょう。母のジェンダー主義が、露骨に出た言葉です。女性の性による役割分担を強調するジェンダー主義は世の中では嫌われ者です。しかし、「家族の上に個人を置く」ことが、母は大嫌いなのです。祖父や男を立て、女は夫の半歩あとを従っていく、儒教の世界を生きてきたのです。それでいて、お寺は自分の力で持ってきた、そう考えているのです。

まあざっとこんな具合ですが、

「嫁ぎ先の年寄を大事にする若い女は、百人に一人しかいないよ」

と、脅しておきました。私をキッと睨み付けたのは言うまでもありません。

ほら貝

八月一五日、水曜日。今日は、父の初盆です。午後三時から参列者が集まり、お経を読み、終了後大広間にて皆で歓談しました。江見の稔さんとその奥さん、喜一、マコちゃん——たびたび登場する西村正子。この本の中ではマコちゃんと書くこともあります——と孫たちです。マコちゃんは、繰り返しになりますが、父の戦死した兄の一人娘です。私とは、従兄弟でありながら兄弟同然に育ったので、今でも兄弟だと思っています。西村家へ嫁いだので、姓は西村です。

寿司やおつまみを食べながらの歓談は、マコちゃんが来ている関係上、自然と一成さんのことになりました。これについては後から記すとして、母が、

「昨日、悦子――父の上から二番目の姉の長女で一人娘。つまり私の従姉妹――さんが来て、昭彦ちゃん――同じく従兄弟――とはどうしても仲良う出来ん、口先ばっかりで」

と言っていたと言うと、正子は黙ったままです。この、母の義理の従兄弟に当たる昭彦さんという人は厄介な人で、決して悪い人ではなくて、面白い人なのですが、私たちとも親交が深くて、私が、

「昭彦さんは少しぼけてるようだよ。昨日電話で話したことを、次の日に電話をかけてきたらもう忘れている」

と言ったら、「そうだろう」とみんな頷いたようでした。口だけということに関しては、母も常々言っていたことで、「あの人はあてにならん」そうです。母の人を見る目は厳しいです。

私は、昭彦さんは決して悪い人ではないとは思うのだけど、母の心中には、「あてにならん」以上のものがあるに違いないと思います。父に対してもそうだと、私は考えています。それを、あえて口に出さないのが、母の奥ゆかしいところなのです。母という人は、そういう人なのです。子どもの贔屓目《ひいきめ》に見た意見かもしれませんが、決して本心は言わない人なんです。かといって嘘は決してつきません。

この点については、この本はまだ道半ばなので、深入りは避けます。決して出し惜しみするわけではありませんが、この本の副題が「昭和と平成の残像」となっていることと関係します。

場の雰囲気を読んだのか、母が面白いことを言いだしました。今から三〇年くらい前に、お寺の庫裏を建て替えたのですが、その古い庫裏の二階に、一成さんが使っていた屋根裏部屋があり、そこに大きなほら貝があったことを思い出しました。一同は、これに爆笑です。というのは、「ホラを吹く」というではないですか。昭彦さんの話が、屋根裏部屋のほら貝の話に転じました。昭彦さんは、ほら吹き名人なのです。

私は、この屋根裏部屋のことは、はっきりと覚えています。古い庫裏のお風呂場の脱衣場のところに、屋根裏部屋に通じる急な階段があって、普段は、そこは開き戸で閉じられていました。小さい頃は、そこは、薄気味悪くて近づくことはなかったのですが、中学生の頃だったか、思春期で孤独を好むようになり、私の勉強部屋にならないかと、偵察に上がって行ったことがあるのです。そこに、確かにホラ貝があったのを覚えています。吹いて音を出そうとしても、なかなか音は出ませんでした。

これは、學進さんが日露戦争に従軍した時に、連絡用に吹き鳴らしたものだと、父から聞いていたのです。もしかしたら、學進さんが仏教の修業に使ったものかもしれません。山伏《やまぶし》がよくホラ貝を持っていましたね。私は、子どもの頃、學進さんが山伏姿で修業をしたのだと思っていました。

結局、勉強部屋にするには、屋根裏で天井が低いことと、北向きで太陽が当たらないので、自分の部屋にするのは諦めてしまいました。

しかし、この母の一言で皆が爆笑するのは、懐かしがるわ、昭彦さんとダブるわで、本当に良い歓談になりました。私は、「なんでもいいから、思い出したことがあったら教えて」と、母に常日

頃から頼んでいたのでした。私は、このような場で、私に記憶を蘇らせてくれた母に、言葉にならない感謝をしました。父が生前、

「一成は戦争で死ななかったら、今頃は、大牟田の三池炭鉱の重役になっていたはずだ」

と、よく言っていたことも思い出しました。一成さんは東京商科大卒で、大牟田に就職し、戦争に取られて、フィリピンのルソン島プンカンで、昭和二〇年二月二八日に戦死したのでした。このことについては『青空が輝くとき』で詳しく書きました。

しかし、一成さんの戦死――実は玉砕――の詳細については定かではありません。このことについては、当時の資料を検討して、本にまとめるつもりでいるのですが、大学での授業や雑用に追われて――本当の理由は私の怠惰なのですが――いまだにめどが立っていません。でも、この本を書き終わったら、それに取りかかろうと思っています。

それにしても、後で知ったのですが、太平洋戦争開戦の初期、ルソン島での日米の激戦で敗れ捕虜になった米兵を、死の行軍で大量に虐殺し――バターン死の行軍として今に語り継がれている――それでも足りない日本軍は、三池など軍需企業のなかば奴隷として強制労働させたのでした。

その中の一人にＬｅｓｔｅｒ Ｉ．Ｔｅｎｎｅｙという人がおり、当時の模様を記録した『Ｍｙ Ｈｉｔｃｈ ｉｎ Ｈｅｌｌ』という本があります。日本政府からは、正式な謝罪がつい最近あったそうですが、当の企業からは何の反応もないということです。テニーさんは、日米の友好のためにも、企業の謝罪を強く求めています。戦争はまだ終わっていないのですね。

「ばかなことをしたもんじゃ」が、母の口癖です。

玉砕の謎

すでに紹介した、私の父一行の兄の娘、つまり私の従姉にあたる正子は、終戦の前年、昭和一九年一二月生まれです。成長し、津山の作陽高校を卒業してから、いったん兵庫県の伊丹で仕事をしていましたが、津山の近くの百々《どうどう》というところで、今の旦那さんの西村輝義と見合いで結婚しました。

その後、倉敷へ移住してから、一成さんのかつての戦友二人が、厚生省を経由して自宅を訪ねてくれて、戦死は七月二二日、洞窟で自決したと告げたそうです。その人から手紙や遺品などを預かり、父に預けたと言います。その人は、一成さんのおかげで命が助かったといって感謝していたそうです。

この遺品はもう存在しません。多分、父が処分してしまったのでしょう。何せ、あの忌まわしい戦争の記憶につながる品ですから。それとも、誰かに見られては困るようなものが――例えば軍の機密とか生きていたことが分かるような何か――あったからではないでしょうか。私には、もっと生々しいものがあったのではと思えてならないのです。

さあ、一成さんのお墓に刻まれている「昭和二〇年二月二八日、プンカン（Ｐｕｎｃａｎ，Ｃａｒｒａｎｇｌａｎ，Ｃｅｎｔｒａｌ　Ｌｕｚｏｎ，Ｐｈｉｌｉｐｐｉｎｅｓ）の激戦で死亡」という事実と異なっています。なぜ、墓石には事実と異なる記載がなされたのでしょうか。この墓石を刻んだのは父です。事実は、父に聞かなければわかりません。でも、もうこの世にはいません。

しかし、昭和二〇年二月には、父はまだ満洲にいました。内地の父親學進と母に宛てた葉書――

検閲済みの軍事郵便ですが――がたくさん残っています。従って、戦死の報を受けたのは一行の父の學進だったはずです。これはミステリーです。私には、このミステリーを解く鍵がおぼろげながら分かっています。一成さんは、多分、歩兵第一〇連隊にいたのでしょう。歩兵第一〇連隊についてはいくつかの記録が残されており、推理が成り立つのです。ほぼ全滅したと言われるこの部隊、実は生存者がいたのではないでしょうか。

　そうです。一成さんを含む数人の部隊です。しかし、本国には一成さんを戦死と報告してしまいました。生き残っていると分かっていたとしても、全員に玉砕命令が出ていたので、全員戦死と打電したのでしょう。戦死の通知を受けた學進さんは、これを信じるしかなかったのです。母のハナさんは、通知を受けて泣き崩れたことでしょう。

　母は、私にこのようなことを言いました。つまり、昭和二二年、冨美子と一行が結婚した時、正子は満三歳になっていました。そして、嫁いでくるなり、正子を背負い、育て始めたのでした。正子は、母のことを「お母ちゃん」と呼び、よくなつきました。

「想像じゃけど、學進さんは正子を私に早くなつかせるために、一行との結婚を急がせたのじゃろう。三つ子の魂百までというからの」

と、母は回想しています。とても含蓄のあることわざを出したものです。母も、それを承知で結婚したふしがあります。ああ、なんということでしょうか。

　これはあり得る話です。正子の実の母・恒子は、正子を置いて家を出ました。母によると、すごく綺麗な人だったそうです。ということは、一成さんの戦死――訃報を信じるしかない――が、一行と母の結婚を誘引した。そして私が生まれた。私という個人のルーツは、太平洋戦争の末期にあったのです。

一成さんが、二人の部下を下山させて、なぜ洞穴で玉砕したのか、その理由は簡単なことだったかもしれません。「生きて虜囚の辱めを受けず」とは、当時の軍人が誰も守らねばならない戦陣訓でしたし、そのために手榴弾を身につけていたのですから。でも、私はもっと奥深い理由が三つあったと考えています。でもこの課題について論じるのは、母というテーマのこの本にはふさわしくありません。一つは、一成さんが就職した軍需企業、三池炭鉱の存在、二つは先ほどの米兵等の強制労働、そして三つ目はあまりにも個人的なことなので書くことができない、この三つはあくまでも私の推理です。


八月一六日、木曜日。翌日午前四時半、ホテルを車で出て高速に入り、京都から新名神に入り東名―新東名と走って、午後一二時すぎ藤枝に着きました。

八月二七日、月曜日。久しぶりに、母から葉書が来ました。

「無理をしないで、ゆっくりと涼しくなるのを待っています」

とあり、続いて、

「何だか、父が生きているような気がいたしています。長く連れ添っていたのかなあ。私を守ってくれている様な気がします」

と、あります。

「九月一日に会える日を楽しみにしています」

と、待ってくれているようです。このとき、私の体の一部で、癌細胞が成長していようなど思ってもみませんでした。ともあれ、父は四十九日という長い旅を終えて、天国へ安住してくれました。

ここで、第一部を終わり、小休止してから、第二部へ向いたいと思います。

第二部　ジェンダーの内面構造

第三章　戦争と少女

本書第二部のポイントは、私の母の世界が、どのような意味でジェンダー的であるのかを記し、母のジェンダー観によって、周囲の人たちがいかに護られ、また、私がどのように向き合おうとしているかを述べています。私は、この第二部で癌であることが判明するのですが、微妙な――実は大きな――心の揺れを経験したのでこれを描写しています。この心理的変化は、癌――といっても、私の場合初期癌であって重篤な方に比べればたいしたことはないのですが、前立腺のある部位は血流が早く、骨やリンパ節へ転移した場合、厄介なことになります――を経験したものでないと分からないのですが、読者のために、出来るだけ詳しく述べます。

心の中の碧空

八月三一日、金曜日。大学で会議があり、一二時には終わりました。会議というのは、どこでもそうですが退屈なものです。母の顔がちらつくと、私の胸の中の議事進行に拍車がかかります。どうでもいいことを丁寧に、いたずらに長々とやっている感じがしてたまらないのです。やたら上意《じょうい》下達《かたつ》の事務連絡的なことが多いのです。大学の自治、教授会の自治、などもうほとんど死語になっています。自治に変わって、ガバナンスやコンプライアンスが組織運営の標準モデルになっていますす。でも、このことに言及するのは本書にはなじみません。

周知徹底なら、メールでいいのにと思うのですが、そうは行かないのが大学の意思決定なのです。あまり批判めいたことを書くと、叱られるのでこれくらいにします。書類などの後かたづけをして、津山に向かいました。

いつものように、岡山駅で一七時一四分の快速ことぶきに乗り、津山着が一八時二〇分。駅からそのままお寺に向かいます。西の空が茜色に染まっています。きれいな、きれいな夕焼けです。母はもう夕食を終わり、くつろいでいます。

私と延子それに長男の陽平の三人の、ハワイ行きのことなどが話題になりますが、母の関心は、正子のことなど、どうしても同じ話の繰り返しになります。そんな中で、「角一さんのお姉さんが姫新線の坪井いうとこにおったが、もう死んどるだろう」と、突然切り出します。

「角一さんの出どこ――実家のこと――はなかだに（中谷）じゃ」と、同じことを繰り返します。インターネットのグーグルの地図で探すと、鏡野町の苫田ダムの南に、確かに中谷という地名があります。読み方も「なかだに」です。確か小座の近くと言いました。

『青空が輝くとき』のベースになった『碧空日記Ⅰ～Ⅳ』――癌の闘病記を扱う予定だったⅢはいまだに書いていません、怖くて書けないのです――は、太平洋戦争から戦後の昭和、平成までの歴史を、私と母の目を通して書くための、いわば、下書きになるように作成する趣旨ではじめたものです。

Ｉで書き忘れたのですが、碧空はあおぞらと読むことにします。碧空の意味は小学館によると、「青く晴れた空。青空。碧天」となっています。「青空日記」でもよいのですが、青空よりも輝きが強い感じがするので、こちらにしました。さらに調べてみますと、「碧」は深い青色。青緑色とあり、「碧眼・碧玉・碧空・碧落・紺碧・深碧・丹碧」の熟語があるとされています。そうです、いつか、母と見上げた空が深い青色、碧空だった思い出をこめて「碧空日記」としました。

それは、私の心に、いつかはびこってしまった、人生の柵《しがらみ》という霞を取払おうという趣旨もあります。母が、私をこうして過去の碧空へ記憶を誘ってくれることを、本当に嬉しく思います。前回、私が、柳原鉱山へ行ったことについて、「行ったことがある。吉ヶ原へ行きたい」と言います。Ｇｏｏｇｌｅで調べると、鉱山資料館のあるところは、確かに吉ヶ原という地名です。「確かに行ったことがある」というのです。「吉井川って本当にきれいだ」と言うと感心しています。夜も更けて、いつものようにセントラルホテルへ戻ってきました。

角一さんの故郷

九月一日、土曜日。今日は、午前一〇時に天満屋で茶そばを買い、お寺に行きました。私が「美作千代へ行く」というと「何しに行く」と聞きます。気になるのですね。

「昭和一〇年生まれの女の人が、父母の思い出を綴った手記があって、昭和一四年当時の農村の生活がよく描かれているので見に行ってくる。作家には、取材が欠かせないんだよ」

と言うと、感心しています。

「本はもう書いたんか」

と聞くので、

「まだ、まだ、大学の仕事が忙しくて、なかなか進まんよ。マッカーサーのことを調べている。本って、そんなに簡単に書けるもんじゃないから」

と言うと、今度は延子が、

「進駐軍が養老院へ来て、『何か欲しいものはないか』と言うので、一行さんが『布団がほしい』というと、持ってきてくれたらしい」

と、教えてくれました。これは面白い話だと思いました。名前はベンダル軍曹といったそうです。よく覚えているものです。このことは、前に紹介した、父の『妙勝寺物語』にも出てきます。GHQの占領政策の知られざる秘話といえば大げさでしょうか。昨日まで敵味方で戦った相手が、福祉施設に布団を持ってきてくれるのですから。戦争は、国益をかけた骨肉の争いごとであったとしても、いざ一対一となれば同じ人生を生きる友人なのですね。そういえば、私の研究室の隣には、イギリス人、アメリカ人、イギリス人と三代の外国人がいますが、みんなナイス・ガイです。

昼ご飯を食べてから、私は、姫新線に乗り美作千代へ向かいました。院庄の次が美作千代です。駅を降りて、徒歩で一色という集落へ向かいます。姫新線に乗ると、新見まで行くことができます。そこには、先ほど紹介した手記にある通りの、農村風景が開けていました。

「終戦間近、父親に召集令状が来て、夫婦で田んぼのあぜ道に座って泣いていた」

と、表現される情景が見えるようです。どんなに辛かったことでしょう。この手記は、その娘さんが残したものです。集落のはずれに、大きな古い神社がありますが、おそらく、ここで出兵の壮行会が行われたのでしょう。真上から照りつける太陽光線に曝されながら、約三時間、青々と稲が茂る田んぼのあぜ道を歩きました。

手記によると、召集を受けて戦地へ赴いた父親は、ついぞ帰らぬ人となってしまいました。今から七〇年以上も前に、こののどかな田園で、そのような悲劇があったなど、青い空と雲そして稲田を渡る風は微塵も語ってはくれません。しかし、現実にあったことなのです。

別荘代わりにしているホテルに戻り、一風呂浴びてから、お寺へ向かいました。今日は、ひ孫の九回目の誕生日で、パーティーです。食後私が、母の父親の、

「角一さんの故郷の中谷というところは鏡野町だ」

と言うと、「その通り」だと言うのです。つい最近も合併があったので、土地の呼び名は昔と変わっているのです。景色を楽しみながら行ってみようということになり、場所を稔さんに聞いてくれました。

「稔はずっとつき合いをしようった」

そうです。母の父親の出生地は私の遺伝子のルーツです。角一さんつまり母の父親の旧姓は浅山でした。浅山角一が、母の父親、つまり私のおじいさんの、養子に来る前の名前でした。『碧空日記I』で説明したように、角一さんは、女の子ばかりで跡取りのいない母の実家の江見家へ婿入りしたのでした。

角一さんにはお兄さんがおり、お兄さんは津山にもよく来ていたそうです。息子さんは正志、あ

と、お姉さんが千代のほうに嫁いで行ったので、三人兄弟だったということです。正志さんは健在だそうです。だいぶ分かってきました。

「家は確か、高いところにあって、おばあさん——角一の母——が、冨美子、冨美子言うて、よう可愛がってくれた」

と、言います。また、

「しゃしゃ木——仏壇や墓に手向ける木で津山ではそう言います。正式にはサカキ——を、小売りに出しょうった人がおった」

そうで、近くには大津さまという神社があったそうです。小座には、

「日蓮宗の寺院があって、一行さんが困ったときに、よう訪ねて行きょうった」

と、思い出を語ってくれました。私は、母に似ており、母は角一さんに似ています。角一さんも母親に似ていたに違いありません。私の遺伝子の直近のルーツは、そういう山の中だったのです。では角一さんの母は、どこから来たのでしょうか。平家の落人でないことははっきりしています。でもそれは分かりませんし、分かったとしてもあまり意味のないことかもしれません。

次の日の朝、母の弟の稔さんが、地図と電話番号を書いて持ってきてくれるそうです。延子の車を借りて、角一さんの実家へ行ってみようと思いました。私は、母方の祖先のことについては、ほとんど聞かされていません。私は母に似ています。ですから興味があるのです。

というよりも、家父長的性格の強い——裏を返せばジェンダー的役割分担の性格が強い——これまでの私たちの父方中心の家族史に、風穴を開けたかったのです。この本の狙いは、ここにあります。

山間の楽園

九月二日、日曜日。今日も、暑い夏の太陽が容赦なく照りつけています。台所にはクーラーが入っているので、年寄りに致命的な熱射病には、万全とはいかないまでも安心です。

朝早く、稔さんが、中谷の地図を書いておいて行ってくれたので、その地図を頼りに、中谷を目指しました。車は法子の赤い軽自動車です。地図にあるとおり、鳥取県の倉吉へ通じる、国道一七九号線の入木石油店の角を曲がったのですが、これが間違いで、とんでもない方向へ行ってしまいました。法子の車には、カーナビがありません。道を尋ねると親切に教えてくれて、そのとおりに行くと、山の中の道を通って中谷へ着きました。入来石油店というのは、旧道に面している、今は閉店になっている方の店だったのです。新しく出来た石油店のところを、左折してしまったのです。

橋のところにある商店で、浅山正志宅を聞くと、確かにこの上手のほうだと教えてくれました。道の右側に四、五軒の民家があり、上から二番目の家だそうです。早速、その場所へ行ってみました。

浅山角一が生まれ育った家は、中谷という地名が示す通り、深い谷あいの小さな平地にありました。私の遺伝子の半分は、ここで育まれたのでした。

耕地は、その谷あいの、わずかな土地を巧みに切り開いて並んでいます。すでに黄色になった田んぼに、五、六人の人が出て作業をしています。比較的若い人も見えます。母によると、結婚するまでは、よくこの地へ足を運んだと言います。ですから、母がこの地を訪れたのは六〇年ぶりということになります。

　当時は、津山からバスで途中まで来て、中谷までは歩いたのだそうです。『津山市史』によると、昭和七年、母が四歳の時に、備伯自動車が津山と三朝温泉の間にバスを走らせたとあります。備前焼きの「備」に因幡の白兎の伯耆の国の「伯」です。

　余談ですが、「因幡の白ウサギ」という物語をご存知でしょうか。古事記の中に、物語の原型があるようです。この物語は、伯耆の国が舞台です。因幡が伯耆の国にあったかどうかは定かではありませんが、鳥取市の白兎海岸に、ウサギのモニュメントがあります。鳥取空港の西側です。話が脱線しました。


　ある日のこと、おかっぱ頭の母が、中谷への道をてくてくと歩いているところを想像しましょう。後から角一が自転車で来て、自転車の後ろに乗せてくれたのだそうです。

「冨美子、よう歩くなあ」

「お父ちゃんも、よう走るなあ。乗し（せ）てちょうだい」

「早よう乗れ。しっかりつかまってな」

「お父ちゃん、今日は泊まっていってもええか」

「ええよ。明日はバスで帰れるか」

「うん。お金持っとるし、夕方までには帰るけん。ああ、綺麗なコスモス。おばあちゃんに、持っていってあげよう」

幼い母と働きざかりの祖父の会話が、メルヘンのように萌黄色の景色に響きます。中国山地の山々から、水色の涼しい風が流れてきます。まだ、私という固体が存在する前の昭和の初期のワンシーンです。

「墓は、高い急峻な山の斜面を登ったところにあって、危険じゃけん、行かんように言われていた」

と、言います。おばあさん――角一の母――は「冨美子、冨美子」と言って、よくかわいがってくれたのだそうです。この人が、私の母方のおばあさんです。おばあさんはどこの出身なのでしょうか。それは分かりません。でも、母の口から、優しい人だったと聞かされて安心しました。

母の弟の忠が、終戦後ぐれていた――悪い仲間とのつき合いがあったようです――時も、角一のお兄さんがよく説教してくれて、それで立ち直ったのだそうです。母の弟の忠の不祥事については、また詳しく書きます。

民家を沈めた苫田ダム

「角一さんは、津山の小田中の江見家へ養子に入ってみると、義理の父つまり私のおじいさんの駒十郎が酒飲みだったけん、息苦しゅうて、それでたびたび実家に帰ったんじゃろうな」

と、母はしみじみ言います。あり得ますね。婿の身は、いつの時代も辛いものです。私は、昔、養子縁組の仲人の世話をしたことがあるのですが、やはり、しょっちゅう家出騒動を起こしていました。家出のたびに、仲人の私にあたってくるのですから、たまったものではありません。嫁さんと何かあると、それこそ一家全員、最悪親戚中を敵に回すことになりますから。

里帰りでもして息を抜かないことには、出戻りということになってしまいます。若い母にも、その辺の事情は分かっていたのでしょう。

中谷には、母は、仲の良い友だちが二人――一人はてるちゃん、もう一人は忘れたそうです――いて、よく一緒に遊んだそうです。また、角一さんはカクと呼ばれていたそうで、お兄さんは、小田中の江見家へよく泊まりに来ていたそうです。お兄さんの息子さんが、浅山正志という方で、商店で聞いたところまだ健在だそうでした。でも、家の近くまで行って、会わないで帰ってきました。近くに日蓮宗の寺院があり、父は、困ったときには、相談しによく来ていたと言います。その寺院も実在します。別に、犯罪捜査をしているわけではないので、素通りしました。

このあとガソリンを入れて、苫田ダム湖畔の道の駅で食事をしました。私たちは、父親の死後はじめて二人きりで遠出をしました。そして奥津の道の駅まで足を延ばして、土産物を買って帰りました。母にとっては、大旅行だったようです。母は外出をするときはいつも杖が欠かせません。大事そうに握っている杖、これがないと外出できないのです。私が、その杖の代わりになれればよいのですが、この杖もだいぶくたびれています。このページの写真は、そのときに撮ったものです。

太平洋戦争前から、また戦後に治山治水、電源開発のために全国の河川上流部に、競うようにしてダムが建設されました。このダム湖の利水と、発電電力によって日本経済の未曾有の高度成長の礎が築かれた事は言うまでもありません。

苫田ダムは、岡山県苫田郡鏡野町の一級河川吉井川上流部に建設されたダムです。吉井川では、昭和二〇年九月の枕崎台風や、平成一〇年の台風などによる洪水被害が、度々発生し、平成六年、渇水により取水制限が行われ、しばしば深刻な水不足に見舞われていました。苫田ダムは、こうした治水、利水を担う多目的ダムとして建設され、平成一七年四月から運用を開始したものです。人造湖は、旧奥津町に建設されたことから奥津湖と命名されました。ダムの水没地区は旧奥津町の中心部であったことから、大規模なダム反対運動が展開され、その内容はしばしば地元マスコミでも報道されました。

確か、ダム建設をテーマにした映画があったと思うのですが、もう忘れてしまいました。和賀正樹の『ダムで沈む村を歩く』という本がありますので、興味のある方は参考にしてください。アマゾンで古本が出ています。

最近、吉井川の水位がとみに低下したと思うのですが、気のせいでしょうか。昔は、うなぎ、なまず、ギギ、鮒といろんな魚が、もぐるとそれこそ手で捕まえられるほどいたのですが、最近は鮎もいないそうです。農薬の影響でしょうが、ダム建設による影響ではないでしょうか。

屋形船が、水運として物流の一翼を担っていた時代は、もはや過去のことですが、一抹の寂しさを禁じえません。便利さを追い求める時代の流れは、人の心さえ変えてしまいました。これはノスタルジアに過ぎませんが。

裁縫の先生になりたかった

二日間の踏査で疲れてしまいました。ホテルで仮眠をとったあと、お寺に行きました。母は、盛んに中谷に行ったことの感想を繰り返します。稔さんに報告の電話をしています。嬉しかったのでしょう。

私は、この辺で母の正確な略歴を、当時の主な出来事と平行して記そうと思います。歴史的事件は一字下げて表記しました。質問しながらまとめました。このようになります。この本の副題が「昭和平成の残像」となっていることが、これでお分かりいただけるでしょう。

昭和三年六月一五日生まれ
　昭和六年　満州事変
　昭和八年　日本国際連盟脱退
昭和九年三月　西幼稚園入園
昭和一〇年四月　津山市立西小学校入学
　昭和一一年　二・二六事件
　昭和一二年　日中戦争開戦
　昭和一三年　国家総動員法
　昭和一四年　第二次世界大戦勃発

昭和一五年　日独伊三国同盟
昭和一六年三月　西小学校卒業
昭和一六年四月　国民学校高等科入学
　昭和一六年一二月　真珠湾攻撃　日米開戦
昭和一八年三月　国民学校高等科卒業
昭和一八年四月　津山技芸（今の作陽高校）三年に編入
昭和一九年　郡是へ学徒勤労動員
昭和二〇年三月　津山技芸卒業　津山警察署勤務
　昭和二〇年八月　終戦
同退職、家事手伝い。縁談（荒尾さんより）あり、
昭和二二年五月　瀬川一行と結婚

母は、津山技芸卒業後、勉強をしたくて、専修課程に通い裁縫の先生になりたかったのですが、家にはお金がないので、許してもらえなかったと言います。また、津山技芸に進んだのは、安岡町の小林さん（私の同級生の小林正直君のお母さん）から、「母が技芸に進んでもよいと言っている。高校くらい出ていないと嫁にもらってくれないから進学しなさい」と、進言があったと言います。また、角一が、どういう縁で江見家に養子に入ったのかは分からないと言います。

「岡山空襲はひどかった。被害の視察に行くのに、津山駅から汽車に押し込められるようにして乗って、岡山に着いたら、足の踏み場もないほどの瓦礫の山じゃった」

と、記憶をたどります。

「ハワイ——真珠湾攻撃のことですが、当時はこの言葉はなくて、ハワイと言っていたのではないでしょうか。日本軍の主要作戦に南方作戦があり、その一環としてハワイ作戦が決行されたので、母の記憶もハワイとして今に至っているのでしょう。母の脳裏には、今もなおハワイ作戦が残像として付着しているのでしょう。連合軍がつけた正式名称は言うまでもなく、Ａｔｔａｃｋ　ｏｎ　Ｐｅａｒｌ　Ｈａｒｂｏｒで、私たちは真珠湾攻撃で勉強してきたわけですが、こうして当時の言葉に立ち返って歴史を検証することも必要ではないでしょうか——に勝ってから、日本には奢りが出て、連戦連勝で提灯行列をやったもんじゃ」

と、言います。

「どこでやった」

と聞くと、

「どこいうて、あっちこっちで」

と、記憶が風化しているようです。津山市史には、お寺のある西寺町の住人が、ちょうちん行列をする写真が掲載されています。母は、きっとこの風景を見たのでしょう。

ひとしきり話をした後、母はこのように言います。

「これからの社会はどうなるんじゃろう。平気で人を傷つけたり殺したり……」

「人よりも、お金が大事な世の中になったからだよ」

と私が学生に教えるように言うと、

「お金は必要じゃ」

と、話がかみ合いません。実際のところ、私にもわかりません。残念ながら、私にはこの問いに答えるだけの力もないし、まして資格もありません。まだまだ、道半ばです。でも、太平洋戦争編を書き終わったら、この母からもらった課題に、挑戦してみるつもりです。でも急がなければ。母が健在なうちに書かないと、意味がありません。それよりも、この母の言葉はこういう意味なのです。

「お前は、経済学だの、環境だのいろいろえらそうなことばかり言うとるが、本当にちゃんとわかっとるんか。いい加減なことを学生に教えとるんじゃないか。酒ばかり飲んどらんと、しっかり勉強せにゃいけんで」

あせりに似た、何か不思議な感情が私を支配しました。私が小さかった頃、母に、よく漢字の書き方とか、意味を質問したのでしたが、そんな時、いつも母は、

「自分で調べんちゃい」

と、言うのです。それで、いつも答えが出るまで調べたものでした。先ほどの母の言葉は、私の脳裏には「もっとましなことを言え」と響いたのでした。母の命令は私にとっては、絶対命令なのです。これは大変なことになりました。

杉山あきえさんの消息判明

九月三日、月曜日。いつものように、ホテルの朝食をいただいて、部屋に帰ったのですが、疲れ

がたまっているのでしょうか、またベッドで寝てしまいました。結局、お寺についたのが、一〇時すぎ。母と話をしていると、高野の佐古さんから、延子の携帯に電話がかかってきました。連絡内容は、こういうことでした。

「杉山あきえさんという人は亡くなった。その方は五人兄弟で、あきえさんの弟の福田さんが高野にいらっしゃる。あきえさんの妹さんが奈義にとついで、赤座さんの姓になって元気でいらっしゃる。お姉さん、つまり福田昭江さんが郡是での日記をつけていて、それを戦争資料として、冊子にしたことがあるという話だ。問合せをしている人は大学の先生で、本を書くらしいと伝えておいた。このことは、私の友人を通じて聞いたことなので、また本人から確かめてご連絡したい」

やっと、杉山あきえさんの消息がつかめました。女高生で軍需工場・郡是へ出ていたころの福田昭江さんは、終戦後、杉山と言う人と結婚して杉山昭江となり、残された日記を、妹さんと結婚した赤座さんが編集して、冊子として出版したのでした。そのときに使った名前が、個人情報に配慮したのでしょうか、「あきえ」というひらがなの名前でした。ちょっと、話が込み入ってきましたが、注意深く読んでいただいた方にはお分かりだと思います。でも、もう帰らぬ人となっていました。私は、次のようにお願いしました。

「歴史書のような堅い本ではなくて、太平洋戦争を若い人たちに伝える、小説みたいな本を書きたいので、ちょっとご挨拶までと思っていますので、よろしくお願いします」

こういう話をしていると、母もいろいろ思い出すようで、

「津山高女の末房さんが、郡是で同じ台――生産ラインのこと。現在のようにオートメーション化

されてはいなかったでしょうが――に配属されて一緒じゃったけん、よう覚えとる。あと商業の人も一緒じゃった。あとは、ほかの寮の人は全然わからん。ほかの工場の人も全然わからん。どうしてじゃろ」

と、言います。

「高女と商業の人たちは、遅れて郡是に来て、仕事がわからないので、技芸の人に混じって作業をして、仕事を覚えたんじゃないの」

と私が言うと、

「そうかもしれん」

と、相槌を打ちます。些細なことのように聞こえるかもしれませんが、当時の学徒動員の実態を知るうえで、重要なことだと思います。この本は「母」をテーマとしていますが、戦争体験の継承の書としての狙いもあります。

年寄りは、昔のことを思い出すのが仕事みたいです。

「そういや、奈義にも行ったことがある。公民館みたいなところ……。誰と行ったんじゃろう」

私は、とっさには思い出すことができませんでしたが、帰りの新幹線の中で考えていたら、確か幸子と三人で奈義へ行ったような記憶があって、藤枝について幸子に聞いたら大勢で行ったのではないかということでした。

美術館にも行ったようです。確か、私がお寺に帰っていた頃（一九九六年）、恩原のドライブインに、父も連れてワゴン車で行き、食事をしたような気がします。

「欲しがりません勝つまでは。産めよ増やせよ、当時は八人や十人の子を産むのはざらじゃった」

母のこの言葉が胸に響きます。

第四章　癌発覚

遅い引き揚げの謎

九月一二日、水曜日。職場の定期健康診断があり、結果は前立腺癌の腫瘍マーカー――前立腺特異抗原ｐｒｏｓｔａｔｅ　ｓｐｅｃｉｆｉｃ　ａｎｔｉｇｅｎ：ＰＳＡ――が四・四と出ました。一般には、四を超えると陽性とみなされます。つまり、悪性の腫瘍ということです。昨年のマーカー値が四・二、その後、病院の再検査でいったん四を下回ったため、経過観察ということになっていたのですが、いよいよ前立腺癌の可能性が濃厚になって来ました。

こうして、生検――癌発症が疑われる組織を採取して行う生体検査――により癌細胞を検出、各種検査、セカンド・オピニオン、手術方法の決定、入院、全摘除手術と、癌との長い苦しい闘いが始まります。しかし、この闘いを通じた母との交流については、結局日記にも書けずじまいで、今日に至りました。非常に追い込まれた精神状態を強いられたからです。うつろな精神状態の中では、書こうと思っても書くことができないのです。こんなに辛いことはありません。

九月二二日、土曜日。この間、私たちはハワイへ旅行をしてきました。『青空が輝くとき』はその後、二〇一三年三月に出版になり、同書では、オープニングがハワイ旅行から始まるようになっています。ハワイのことについては、同書に回します。

大学院入試を終わって、津山へ向かいます。一九時二〇分にはお寺へ着きました。晩御飯に、刺身とお寿司が用意してありました。ありがたいです。

早速、ハワイ旅行の写真を母に見せてあげました。満足そうに、しげしげと眺めています。一通り見ると、

「佐世保へ行くんか」

と、いきなり聞きます。手紙で、「一〇月五日に浦頭港へ行く」と知らせておいたのです。浦頭港は、父が、太平洋戦争が終了した後、昭和二一年五月に満州から引き揚げてきたところです。

「どうして東京へ行ったんじゃろうか」

と、聞きます。私が手紙で、

「父は南風崎――『はえのさき』と読みます。後に記すように、終戦直後、大勢の引揚者がこの駅から故郷目指して、家路を急ぎました。筆者ら団塊の世代の多くは、これら引揚者の子どもたちです――駅から東京行きの汽車に乗って帰った」

と説明したのを、「東京へ行った」と勘違いしているようです。

「父は、多分、中国の上海かどこかの港から、軍艦か商船に乗って海を渡り、五島列島を左手に見ながら浦頭港へ着いたんだ。そこで、検疫所でコレラの検査をして、歩いて復員援護局へ行って、二晩か三晩か泊まり、手続きをして、南風崎から汽車に乗って帰ったと思うよ」

と、説明してやりました。口述筆記『一行回想録』によると、五月に津山へ帰って来たとあります。私は、一〇月六日に浦頭港へ行って来ることにしました。母が父と結婚することになったいきさつ、つまり私と延子の生命のルーツを探るためです。もう、ホテルの予約も取りました。癌が疑われてみると、身辺整理とでも言いましょうか、一刻も早く仕事を進めたい気持ちになりました。

「父といつ縁談の話があったの」

と、聞いてみました。「五月五日」と言います。子どもの日ではありませんか。結婚式が五月二七日なので、何と準備期間二二日のスピード結婚です。しかも、見合いまで父を「見たことがなかった」のです。でも、

「一度、大八車を借りに来たのが父だったかもしれない」

と、回顧します。父の回想録に、復員してさっそく養老院の仕事をすると、死亡者が出て、大八車で火葬場へ運んだとの記述があり、母の記憶と一致します。

「學進さんは、一成さんがルソン島で戦死して、未亡人になった恒子さんを父と結婚させたかった。でも、恒子さんが正子をおいて家を出ることになったので、正子をわたしに早く慣れさせるために、縁談を急いだのではないか」

これが母の推理です。戦死者の妻をその兄弟が面倒を見るということはよくあったようで、俳優中井貴一のデビュー作、映画『連合艦隊』のシナリオもそうでした。もう何度も書きました。もしかしたら、一成さんも戦場の空の下、自分が戦死したら、妻の恒子と弟の一行が再婚することを望んでいたかもしれません。

私もあり得ることだと思います。でなければ、そんな急な話はあり得ません。それに正子は三歳

になっています。まだまだ、育てるのに手のかかる時期です。確か、映画『連合艦隊』のストーリーもそうなっていました。でも、この映画では、弟は結局再婚せず、戦艦大和で戦死します。

「學進さんが絶対的な権限を持っていた」

と、母は述回します。なぜ、恒子さんは父と結婚するのが嫌だったのでしょう。お寺が嫌だったのでしょうか。

「私は、本当はお寺に嫁ぎとうなかった。私は百姓屋へ行くと言ったら、一方の叔母が説得にきた」

と、だんだん本音が出てきます。ただ単に嫌だったのでしょうか。それとも死ぬほど嫌だったのでしょうか。それとも……こんなことを考えていると、だんだん切なくなってきます。

「じゃ、私はどうでもいい子どもだったのか」

と睨むと、

「あほ、言うな」

と、一喝されました。私は時々、恒子さんは正子を手放さないで、生きて復員した父と結婚したほうがよかったと考えることがあります。でもそうすると、私と延子は生まれていないことになります。恐ろしい話です。

「泊まっていけ」と誘ってくれます。「いやホテルがいい」と、いつも通り断って帰り支度を始めました。泊まってやった方がいいのでしょうか。私も結構意地っ張りな性分です。

このような話を聞いていると、私は、七〇年年前の、暗い漆黒の闇の中へタイムスリップした気分になります。癌に対する恐怖心が重なっているのでしょうか。その日は、疲れて何かに思いっきりすがってみたい心境でした。

九月二三日、日曜日。九時頃にお寺へ行きました。空気が幾分ひんやりしています。「暑さ寒さも彼岸まで」を思い出します。母は、ひ孫の律と遊んでいます。

「駒十郎さんは、お寺によう出入りしよった。妙子さん――學進さんの長女で父の長姉――が酒屋へ嫁いどったけん、お寺には酒があった」

と、言います。駒十郎さんは、酒目当てでお寺へ来ていたのですね。駒十郎さんの妻のツルさんはやさしい人で、迎えに行ってくると言って、駒十郎さんを迎えに行ったのでした。

私が、

「ほう、駒十郎さんはお寺のただ酒を飲んだのか」

と言って冷やかすと、

「駒十郎さんは信心深かった。お酒はついでじゃ」

と、弁護を忘れません。舌戦では私は母には勝てません。

母は、延子の作った資料――父の回想録――に載っている一成さんの写真を眺めながら、

「一成さんはよう知っとる」

と、懐かしそうです。

「どうして一成さんをフィリピンのような激戦地へ送ったんだろう」

と、延子が呟きます。「津山高校で成績が五番だった」とも。

「生かしておけば、後々役に立ったのに」

と私は言葉を返しましたが、フィリピンから生きてお国に帰ってきたら、一行の結婚も急ぐ必要がなかったわけで、そうしたら、母もお寺へ嫁がなかったかも知れなかった、したがって、私は生まれなかった事に、また思いを巡らせました。私には、どうもこういう自虐的な性格があるようです。高校から大学にかけて、ニヒリズムを気取っていたのは、こういう下地からかもしれません。私のニヒリズムが、積極的なそれか、後ろ向きなそれかはいまだに分かりません。

　しかし、一成さんは戦死してしまった。そうすると、残された正子ががぜん焦点になってくるわけです。そこで、學進さんは、父と恒子さんの結婚の線がなくなったとすると、次善の策に出ました。

「年端もいかない正子を早く懐かせた方がいいということで、私と一行の結婚を急がせた」

と、母は考えています。真実はどうだったのでしょうか。もう、真実を知る人は誰もいません。

　戦前の養老院の写真に目が止まると、

「養老院の右に江見の田んぼがあって、よう雀を追い払いに行った」

と、言います。

「どうやって」

と聞くと、

「鈴をリンリンと鳴らして」

と、懐かしそうです。このような話を聞くと、癌のせいでしょうか、無性に感傷的になってきます。

「横部の金物屋の所に細い道があって、そこから入った」

と、回顧します。その道は、私も知っています。今もあります。私がまだ生まれる前、母は、学校から帰って、日課のようにすずめ払いをしに、妙勝寺の近くに来ていたのでした。

「敏子叔母さんの長男の岡田重美が、新見の学校へ勤めとった時、同僚に父の戦友がいるのが分って、重美が二人が会える場を作ってくれた。二人は酒を飲みながら一晩中語り明かした」

この話は、以前に聞かされていた話です。また、このことも何度も繰り返すのです。

「毎年お盆のころになると、男の人が一成さんの墓参りに来ていた。花を生けてな。いまとなっては、その人の住所を聞いておくんじゃった」

と、母は遠くを見る目つきをします。延子は、

「それは、私が花を生けたんじゃ」

と言うのですが、母は、恒子さんの兄弟か親戚筋の人だと信じています。思えば、父のお兄さんの一成さんも運の悪い人です。たまたま——お寺が養老院建設で三井財閥の資金的援助を受けていたし、一成さんの大学も三井系列であったことを考えると、たまたまというのは不正確——就職したのが三池炭鉱で、石炭は戦争に欠かせないエネルギー源ですから、終戦直前までは、赤紙はこなかったのでしょう。これは、私の推測です。赤紙というのは、戦争への召集令状のことです。

でも、切羽詰まった昭和一九年、いよいよ召集されて台湾へ渡り、さらにフィリピンのプンカンの攻防に動員されて、戦死したのです。戦死の公式の記録は二月二八日です。戸籍上の死亡日も二月二八日です。しかし、すでに書き記したように、戦友の話によると死亡——実は玉砕——七月二二日なのです。この食い違いは、いったいどうしたことでしょうか。

「いつ頃の話」と私が聞くと、「二〇年前」と言います。もし母の推理を信じると、その人は「上官にはお世話になった」と言って、正子を訪ねてきた戦友ではなかったかと思うのですが。でも、これは推理小説が好きな私の推測にすぎません。

さて、今日のメインイベントは次の通りです。

「學進さんは、年二回江見にお経をあげに来てくれた。私が、後ろで団扇で扇いだ」と、言います。こういうことを、ポツリポツリとしゃべってくれるようになりました。學進さんは、妙勝寺の檀家である江見家とのつき合いの中で、小さい頃からの母をよく知っていたに違いありません。そして、「一行には冨美子のような嫁さんをもらいたい」と、心に描いていたのかもしれません。

もう習慣になったのですが、天満屋――空洞化した市街地の再開発ビル・アルネのこと――へ行って、仏壇に供える花と、ご飯を買って来ました。日本そばを律にも食べさせながらの食事です。おこわと惣菜にも箸をつけます。母の楽しいひと時です。

食後、私は眠たくなって座敷で大の字になって寝込んでしまいました。いま、お寺は岸本の管理するところとなり、孫やひ孫が出入りする場所になったのですが、私はこうして座敷で寝転んでいると、祖父母、父と母、それに妹の延子、正子しかいなかった昔に帰ったような気分になります。

「あの頃はよかった」とも思ったりもします。

そして、それが無性に懐かしく感じるのです。過去に帰れるものなら、一度帰ってみたいような。小説を書くとすれば、やはり私が時空の割れ目に迷い込み、過去へ戻るというような形になるのでしょうね。それは、今書いている小説ではなくて、当時書こうとしていた、この小説にも度々出てくる「青空が輝くとき」です。

一〇月五日、金曜日。授業を終わり名古屋駅から新幹線で博多へ、そして博多から特急みどりで早岐《はいき》へ向かいます。早岐にホテルを取ってあります。

予定通り、午後七時過ぎには、ホテルにチェックインし、食事は外へ出ました。近くの焼き鳥屋へ入りました。私の母と同い年くらいのお婆さんが、客の世話をしています。焼酎と焼き鳥とラーメンを頼んで、お婆さんに聞いてみました。

「引き揚げ者の港までは遠いですか」

お婆さんは、

「はあ」

と、どうも反応がよくありません。あとで聞いてわかったのですが、お婆さんは、小学校五年生の時に終戦を迎え、そのときは別な場所にいたのでした。私の母よりも若い人です。ご当地の旧い話は知らないみたいです。

「息子に聞いて」と言うので、カウンターの中で料理を作っているマスターに、復員関係で見学するところを聞きました。すると、最初はあまり話題にならないとみえて、考えながら思い出すように答えてくれました。結局マスターが教えてくれたスポットは、人間魚雷が片道の燃料で発進した場所でした。発進したというのは実は間違いで、次の日に行って見ると、練習場でした。次に、

「ニイタカヤマノボレ——真珠湾攻撃開始の暗号——」の電信塔です。

タクシー会社にいろいろ連絡をとってくれましたが、あいにく明日は休業などで、車を手配できないということでした。私は、マスターに礼を言って、お婆さんに戦争のことをいろいろ聞きました。お婆さんは二三歳で嫁いだそうです。私のこともいろいろ話して、「優しい息子さんと働けていいですね」と言うと、嬉しそうでした。注文したラーメンは、ご当地長崎ラーメンでした。

お代を払い店を出たら、お婆さんがホテルへの近道を教えてあげると言って店の外へ出て来ました。昔の人は、皆親切です。何かわけがあって、こんなにはるばる田舎にやってきて、引揚者のことを調べている。損得抜きの心のふれ合いが感じられて、とても嬉しかったです。住宅地の中に、人ひとりやっと通れる路地があり、焼き鳥屋とホテルの距離は、一〇メートルしかありません。その四倍の距離を歩いてきたのに。

私は、お婆さんに手を振って別れました。ホテルのスタッフに言って、明日の観光タクシーを、八時から一〇時までで予約してもらいました。

引き揚げ第一歩の地

一〇月六日、土曜日。八時少し前、タクシーがホテルへ来てくれました。南風崎駅で一〇時四分の列車に乗って帰るので、二時間契約ということで案内をお願いしました。まずは、浦頭《ほとう》港へ向かってもらいました。一〇分くらい走ると、浦頭引揚記念平和公園に着きました。

公園のある針尾《はりお》島浦頭の地は、第二次世界大戦終結後、海外から日本国内に引揚げる日本人の受け入れ場所の一つとして、厚生省佐世保引揚援護局の検疫所が置かれ、一九四五年一〇月から一九五〇年四月まで、約一三九万人の引揚・復員者が浦頭埠頭に到着したのでした。

引揚・復員者は、当地から引揚援護局本所がある、旧針尾海兵団——現在のハウステンボスの場所——まで、約七キロメートルを徒歩移動して諸手続きをすませ、国鉄大村線南風崎駅から、引揚列車に乗ってそれぞれの郷里へ戻ったのです。

記念公園は、浦頭港を見下ろす小高い丘の上にあります。記録では、佐世保へ復員したと、よく書かれていますが、実は、この浦頭へ帰ってきたのでした。

「復員平和記念公園へは、観光客は来ますが、港の検疫所跡へ来る人はほとんどいません。若い人は引揚とか復員とかいう言葉すら知りません」

と、年配の運転手さんは言います。

引揚げが終わり、引揚援護局が閉鎖されてから、約三〇年が経過した一九八〇年代に入って、この地に、引揚げの歴史を記念する施設を求める声が高まり、元引揚者等からの寄付金と市費で、旧検疫所跡地を見下ろす丘陵部に当公園が建設され、一九八六年五月三日に開園したとされています。

同時に、園内に引揚記念資料館が開館しました。父は、生前、この地を訪れたい旨を延子に話していたそうです。いまとなっては悔やまれます。でも、いま父に代わって、私が訪問しています。

この本では、父のことを好意的に書いてはいませんが、そんなことはありません。性悪説を裏返せば、そこには限りない性善説の世界があるのです。

「お父さん、遅くなってごめんなさい」

記念公園に、引き揚げ者の心情を唄った田端義夫「かえり船」（昭和二一年）の歌詞が刻まれている記念碑がありました。今年一月二二日に記念式典が行われたのですが、その時は、田端義夫はモーニング姿で参列したそうです。ずいぶん立派な碑です。歌はｙｏｕｔｕｂｅで聞くことが出来ますし、ａｍａｚｏｎでＣＤも買うことができます。

資料館は、早朝なのでまだ開いていません。公園が整備されている丘から降りると、そこが浦頭港です。港とは名ばかりで簡単な係留施設があるだけです。空母は沖の方へ錨をおろすそうです。復員者を乗せた軍艦は、沖合に停泊し、艀《はしけ》で上陸したのでしょうか。芸能界で女優として活躍した水の江瀧子（一九一五―二〇〇九）さんも、この地へ引き揚げてきた引揚者の一人です。

昨日、焼き鳥屋で聞いた話では、彼女は丸坊主であったと言います。彼女は太平洋戦争中、松竹少女歌劇団による「松竹女子挺身隊」の一員として、内外の兵士を慰問しました。

岸壁に、「復員第一歩の地」と記した縦に細長い碑があります。ここに検疫所があったのです。復員者と引き揚げ者は、ここで検便による検疫を受けました。あとで記すように、当時、コレラが大流行しており、船内でも、ばたばたと死んでいったそうです。そして、死体に油をかけ火葬にしてしまいました。悲惨なことです。

大無線電信塔―ニイタカヤマノボレ一二〇八―

復員・引き揚げ者が歩いた道を、タクシーは走ってくれます。海から記念公園の方向を見て右側、山に寄り沿うように登って行く道です。この道は、少し登ると新しくできた道に出ます。タクシーは、この新しい道を右折して走りますが、先に希望しておいた電信塔へ向かいます。針尾大無線電信塔といいます。良く手入れされたミカン畑の中を走ると、朽ち果てたコンクリートの門の跡があり、そこから入って行きます。

三基のコンクリート製の塔が聳えています。針尾送信所ともいいますが、電波塔の高さは、一号及び二号塔が一三五メートル、三号塔が一三七メートルで、三本の配置は約三〇〇メートル間隔の正三角形となっています。

暗号を真珠湾攻撃部隊に向けて送信したのは、千葉県船橋市の船橋送信所でした。Ｗｉｋｉｐｅｄｉａによると、「針尾送信所は、瀬戸内海に停泊中の連合艦隊旗艦『長門』が打電し、広島県呉通信隊が送信したものを受信して再発信したもので、中国大陸や南太平洋の部隊に伝えたものであるとされている。ただ、これにも異説があり、針尾送信所による送信の事実そのものがなかったとする主張もある」とされています。

運転手さんは、次のように言います。

「学者の説によると、関東からの大平洋艦隊向けの電波と、南方艦隊向けの電波が、ここから二種類の電波によって出されたようです。高い電信塔ですが、山に遮られて、大平洋艦隊には届かなかったようです。最近、負の遺産として登録する動きがあるようです」

復員援護局へ

ミカン畑を出ると新道を走り、また旧道へ入ります。右手に入り組んだ入り江を見ながら進みます。援護局跡へ行く前に、激戦地フィリピンやニューギニアから無言で帰還した無縁仏を奉ってある墓地へ行きました。名称は釜墓地です。といっても、遺体や復員途中で亡くなった人に、油をかけ火をつけたそうです。骨は、かき集めて埋めたのでしょう。名簿はなくなっているそうです。墓地には墓石はありません。現在は、佐世保戦没者釜墓地護持会が管理していると言います。これは、二〇〇五年八月一四日長崎新聞によるものです。

お寺さんは、ここには常駐しておらず、慰霊祭のときだけやって来るそうです。南無妙法蓮華經の文字が刻まれた、真新しい石碑に手をあわせました。護持会は日蓮宗のようです。

高層集合住宅の米軍の宿舎群を通り抜け、ハウステンボスの中にある旧海軍兵学校跡地へ出ます。と言っても、記念碑も釜墓地へ移転し、今はハウステンボスの駐車場などの一部になっています。ハウステンボスの東側に水路がありますが、これは、本土とハウステンボスのある針尾島を隔てている海（峡）です。そこに大きな橋が架かっていますが、復員時代は木造の橋でした。佐世保タクシーの運転士さんは五〇過ぎの人で、小学校六年生のころ、この橋を自衛隊橋と呼んでいたそうです。橋は、ハウステンボス側の半分が朽ちていたそうです。

タクシーはその対岸へ来ました。ここから復員さんたちは海沿いの道を南風崎駅へと向かったのでした。橋の下の土台に木の橋がかかっていたようです。向こう側のハウステンボスの方は、土台のコンクリートブロックが取り払われ岸辺に積まれています。船を通すためです。ここに木造の橋があったのでした。向こうからこちら側へ向かって、父は歩いてきたのでした。父は、戦友とともに歩いていたはずです。復員の時期は五月ですから、周りの景色は新緑に包まれて綺麗だったことでしょう。

そして、郷里へ帰れる嬉しさに胸を膨らませて、大勢の復員さんがもくもくと歩いたのでした。ここまで来ると、南風崎駅はもうすぐです。海辺の細い道を向こうへ歩いて行ったのです。道の先には南風崎の駅が待っています。

案内をしてくれた運転手さんは、冨岡慎二さんと言いました。冨岡さんは、

「当時は、ここは栄えていて、宿屋も二、三軒あり病院も二つありました」

と、言います。地元の人たちは、帰還の行進をする復員さんたちに、労《ねぎら》いの言葉をかけたことでしょう。敬礼をして応える父が見えるようです。こうして、私は南風崎駅に着きました。

小学生が掘った防空壕

時計は、まだ九時を回ったばかりです。冨岡さんは、小学校の先生と生徒が一緒に掘ったという防空壕へ連れていってくれました。宮村国民学校時代の防空壕です。無窮洞といいます。防空壕の中には、いざというときに裏山へ逃げる抜け道もありました。かまどもあります。冨岡さんはこの小学校の卒業生なのです。

「僕が小学生の頃は、防空壕は閉鎖されていました。一般に公開されるようになったのは、最近のことです」

と、言います。案内役の人が説明しましょうかと言ってくださいましたが、ざっと見学するだけにしました。無窮洞を紹介したブログはいくつかあります。無窮洞で検索するとヒットするので、参

考にしてください。冨岡さんのお父さんは早くに亡くなられたそうですが、お母さんが健在で、地元の人なので戦争の話をよく聞くそうです。畑の中に焼夷弾が撃ち込まれて怖かったそうです。グラマン戦闘機も飛んできたそうです。

とうとう人間魚雷の練習場跡まで来ました。特攻殉職の碑です。湾内で若者たちが訓練を受けていた場所を、記念碑を建てて整備してあります。「川棚魚雷艇訓練所跡」です。記念碑を建てたのは、海軍関係の人のようです。昭和四二年と刻まれています。

南風崎駅へ

南風崎駅に着いたのは九時四〇分でした。ここで記念写真をとってもらい、運転手さんと別れました。列車は一〇時四分に来ます。駅のホームの建て看板に、復員列車の詳しい説明が書いてありました。日本への引揚総数六二九万人、佐世保港への引揚者数一三九万六四六八人、引揚列車の総本数一六八五本（引揚列車一一四七本、一般列車五三八本）とあります。父は一四〇万人の中の一人でした。戦友と、東京行きの汽車を今か今かと待ったのでしょう。

駅のホームに、桜の老木がありました。暑い夏の日差しに疲れ果てて、もう葉を落としています。いまにも息絶えそうなこの桜の木、六六年前の初夏の復員さんたちの目の前で、きっと若葉に包まれていたことでしょう。

ホームの西側には、収穫を待っている田んぼが広がっています。すくすくと成長する稲の青さの中、復員さんたちの目の前には、故郷の家族があったことでしょう。故郷はもう目の前です。この戦争は一体なんだったのだろう、この問いが各自の空虚な胸の中で踊っていたことでしょう。それは、考えても、考えても解答のない問いだったはずです。

列車がやってきました。ワンマンカーの列車に乗り、いったん早岐で降りて、津山までの切符を買い津山へ向かいます。博多までの車窓で見る景色は、都市化した部分を除けば自然の地形は父が見たものと同じだったはずです。父は何を考えていたのでしょうか。私には推し量るすべもありません。

岡山から津山への列車は快速なので、父が降りたはずの津山口駅には止まりません。津山口は、終点津山駅の一つ手前の駅で、自宅へ帰るにはここで降りた方が近いのです。父は軍服姿で駅を降り、吉井川にかかっている境橋を渡りました。坂を下れば妙勝寺です。山門をくぐればそこで父の戦争は終わりです。

私は津山駅で降り、ホテルにチェックインして、土産物などをもってお寺に向かいました。ホテルの貸出自転車を借りました。今井橋を渡り土手ぞいに進み鉄砲町を走って妙勝寺の山門を潜りました。「父の復員行《こう》の旅」は終わりです。母は、庫裏の玄関の乳母車に腰掛けて、私を待っていました。わたしは冗談で、「瀬川少尉ただ今戻りました」

と言って敬礼をすると、母は、

「どこのだれかと思ったら、あんたか」

と、一言つぶやきました。このとき、目に涙した母ハナと父學進が、父を出迎えたはずです。父は、何と言ったでしょうか。「瀬川少尉ただいま戻って参りました」でしょう。

夕食には、押し寿司と刺身を用意していてくれました。佐古さんから延子宛の手紙で、杉山あきえさんの日記を冊子にした赤座匡《ひろし》さんの所在が、奈義であることが分かりました。夜はとりとめのないことを話しました。父は、帰還に喜ぶ家族や親せきの前で、戦地の話を披露したことでしょう。

これで「父復員行」は、文字通り終わりました。私の心の中のわだかまりが、幾分薄れたような気がしました。しかし、反対に癌の恐怖が頭をもたげてきます。

ふるさと

母は、私が、

「九月から月に七万円ほど年金をもらえるようになった」

と言うと、

「そんなもんたいした役にゃたたん」

と、憎たらしいことを言います。自宅に帰ってみると、厚生年金の被保険者は支給停止の通知が来ていて、満額の支給は退職以降になることが分かりました。年金関係の手続きでは大変苦労しましたが、やっと、退職時の手続きをすればＯＫというところまで来ました。読者で、これから手続きをする人がいたら、抜かりのないように、分からないことは、何でも年金事務所に聞いて、しっかりやってください。

本題に戻ると、母は遺族年金と夫が掛けておいてくれた年金で、けっこうリッチなんです。昭和の女はしっかりしています。障がいのない今は、経済的には不安はありません。

「父は、一生の間に自由になるお金を一銭も持たせてくれなかった」

と、また愚痴を言います。何度聞かされたことでしょうか。よほど根に持っているのでしょうね。復員の話を聞かせましたが、あまり興味はないようです。


一〇月七日、日曜日。赤座匡さんに電話して、一三日、土曜日の一一時で訪問の約束をしました。地域の行事があるようですが、参加は任意なので来てくださいということでした。電話から受ける感じは、耳が少し不自由ですが、元気な様子でした。

陽平君が沖縄からの土産を持って来ました。こういうとき、母はご機嫌です。「一番かわいい陽平君」と言います。「一番かわいい」が大勢いると思いますが……。

私は、稔さんの畑が気になったので、もう一度場所を聞くと、「筋かい橋」を渡って、すぐ右手を川上に行ったところにあるそうです。ネギが植えてあるので分かるそうです。母の実家が所有していた農地の、わずかな最後の農地です。そのほかは、自宅として残っている土地を除けば、ほとんどが借金のかたでとられてしまいしました。

「この畑は、稔が分家するときに与えられたもんじゃ。忠は土地を全部のうして（なくして）しもうた」

と、言います。母の弟の忠さんは、人がよすぎて、悪い仲間に騙されて、土地をなくしてしまったのです。顔に傷のあるその筋の業界の人たちだったようです。

「畑をなくさなかったとしても、都市計画道路の用地買収で、いずれ手放さざるを得なかった。そしたら、悪銭身につかずで、結果は同じことになったよ」

と私が忠さんを弁護して言うと、

「あほ、言うな。買収金で御殿が建ったのに」

と、反論します。確かにその通りです。

「昔は、あの辺りはよかった。青々とした田んぼが広がって、農作業は大変じゃったけど、裏庭にさらさらと小川が流れて、お前の好きなザリガニやフナが何ぼでもおって。よう、ヒバリが鳴きよった」

と、遠くを見る目つきで昔を懐かしがります。小学生唱歌「ふるさと」の世界です。


「赤座さんの許可が出たら本が書けるんか」

と、聞きます。

「まあそうだけど、そう簡単にはいかないよ。きちんと事実を押さえないといけないし、本も読まなくちゃいけないから」

と答えて、いま読んでいる『昭和史』を見せると、

「私も読んだほうがええか」

と、聞きます。実は、昨日私が書く本のことを母が聞くので、本は文庫本にして、瀬川久志・冨美子の共著にすると言うと、気乗りしたようでした。前には「私も書く」と言って張り切っていました。『青空が輝くとき─太平洋戦争を生きた人々の物語』は、二〇一三年五月に母子の連名で本に

なりました。ａｍａｚｏｎで瀬川冨美子を入力すると、その本にヒットします。

「学生に読ませるような内容にしたいから」

と言うと、

「とにかく日本は真珠湾で、勝手なことをし過ぎた。じゃけん（だから）戦争に負けた。外国から非難されても仕方がない」

と、思いきったことを言います。

「従軍慰安婦のことか」

と聞くと、首を縦に振ります。

「私もそう思う。中国や韓国の人たちの言い分も分かるよ」

と言うと、わが意を得たりと頷きました。『青空が輝くとき』を共著にして学生に読ませるというのが効いたようです。実は、私は母にこうも言っておいたのです。

「杉山あきえさんは、よく、あんな軍需工場批判みたいなことを日記に書いたな。『これからこんな人たちと一緒にやると思うとうんざりする。たいぎ、たいぎ（いやいや〇〇するの意）仕事をやった。風呂が汚かった。家族が恋しい。前の人がおかずの多いのを取った。腹が立った』こんな日記がばれたら、非国民で往復ビンタだろ。当時の法律では学校は軍隊組織、校長が連隊長なら教頭は隊長、先生は中尉殿、一体日記を何処に隠しておいたんだろう」

と言うと、

「さあ……、でも、よう毎日書く時間があったな」

と、感心したように言います。

「兎に角、今にして思ゃ、無茶苦茶な時代じゃった」 とも言います。『青空が輝くとき』にもシーンを入れましたが、角一さんが、竹槍行軍練習をする女高生を捕まえて、

「おいお前ら、敵は飛行機で爆弾をばらまきょうるのに、こまい（小さい）鉄砲や竹槍を振りかざしてどうなるんなら、と言うた」

を、繰り返します。

今日は、津山市の城西地区の手作り物産展がある日で、延子と出かけました。かなりの賑わいです。私は、人込みを逃れて衆楽公園へ行きました。昔と全く変わっていません。

帰りに屋台でお好み焼きとおでんを買って帰り、母と食べました。今年は九月には延子たちと真珠湾へ行ってきましたし、今回佐世保も訪問しました。「ニイタカヤマノボレ一二〇八」を発信したとされる電信塔も見てきました。これでなんとなく戦争も終わったような気がしました。でもまだ途半ば――ｍｉｄｗａｙとアメリカ側の戦争記録にある――なのかもしれません。

この頃から、私の前立腺癌に対する恐怖心が、募ってきたことは言うまでもありません。「しなければならないことは、元気なうちにしておこう」という、ある種の、身辺整理の本能が働き始めたのです。残された時間が、あまりないように感じられたのです。一成さんの「玉砕」が、自分の体の中の癌細胞と重なって感じられたのでした。この意識は、今も継続しています。

第五章　薄紅の記憶

県境のレストラン

一〇月五日、金曜日。金曜日は二限で授業が終わるので、一二時半、今回は車で津山へ向かいました。西へ向かい、津山が近づくにつれて、山の端に夕焼けがきれいに浮かび上がります。その茜色に染まった雲の下に母がいると思うと、子どものころに、家路を急いだ時の情景に似ているように感じられました。一七時半に津山インターのゲートをくぐりました。

「もう着いたんか。おばあちゃんが待っとるで」

と、延子からの電話が入りました。勉強などそっちのけで、いつも野山を駆け回っていた私でしたが、お利口さんの妹に、早く帰ってくるように、たしなめられたような思いでした。お寺についてみると、孫たちが来ています。こういう時の母は、ご満悦なのです。

一〇月六日、土曜日。九時三〇分に高野へ行き、佐古さんにお礼を届けました。「杉山あきえさん」探しでは大変お世話になりました。その後、母を車に乗せて、赤座さん宅へも挨拶に伺いました。私が、赤座さんから福田昭江さんのことについて話を聞いている間に、赤座さんに嫁いだ昭江さんの妹さんと、話しこんでいたのが印象的でした。昭江さんの妹さんももちろん戦中派です。妹さんはあきえさんの日記の中に度々登場します。

そして、鳥取県との県境の黒尾峠のレストランで食事をしました。母は天ぷらうどん、私はかつ丼と、年の差による食欲の違いは出ません。まだ、昼前の早目の食事なのですが、「美味しい、美味しい」と言って食べるからには、食欲旺盛なのでしょう。食欲の秋です。昔、父も含めて、大勢でここで食事をしたことがあるのですが、私はあえて話題にするのを避けました。

戦場からの帰還

一〇月二五日、木曜日。次の日の金曜日は、大学祭の準備で休校日です。それで二限の授業を終り、さっそく名古屋から岡山へと向かいました。岡山発一六時二一分の各駅に乗ることが出来ました。前回帰宅したときは、長崎県の浦頭港からの帰りでした。

その時は「父の佐世保復員行」ということで、津山線は津山の玄関口である津山口で下車しようと思ったのですが、乗った列車が快速なので、終点津山まで行ってしまいました。それで、津山口では降りられなかったのです。でも、当時は快速や急行はなかったはずですから、父は津山口で降りたはずです。

歩いて帰宅する場合、津山駅よりも津山口駅の方が近いからです。そこで、私は津山口で降りることにしました。父の復員行の時の心情をいろいろと考えているうちに、日が暮れてきました。

稲田はすべて刈り取りを終り、ところどころに、もみ殻の山があります。秋のつるべ落としとはよく言ったもので、山の端に沈む太陽の残り香を浮かべて、景色は夜の世界へと遷移していきます。これから、中国地方の山間部には冷たい冬が訪れます。いま、晩秋はその序曲といったところでしょうか。晩秋のセレナーデは茜色です。

ディーゼル車の中は、家路を急ぐ人の群れで、和やかな雰囲気を醸し出しています。父が、故郷津山へ向かったのは五月、初夏でしたから、あたりの景色は萌えるような若葉だったでしょう。

私も、つい最近、佐世保から津山を目指して、この若葉の中を津山へと急いだのでした。でも、父の心境は、この平和な時代に、故郷を目指す私の心の中とは全く違っていたと思います。その心中を、十分に察することは到底できません。多分こういうことを考えていただろうとは言えますが、終戦直後の特殊な時代を反映して、私などには想像もつかないような世界だったと思います。ただ、私には、この間、母と会話を親密に交わしてきて、なんとなく、父の心中が分かるような気がしてきました。でも、それが何かは、いましばらく考えてみたいと思います。

一人また一人と下車して、津山口では、車内にはほんの数人を残すのみとなりました。津山口駅を降りると、右手に交番があります。この交番は昔からこの位置にあったので、多分、終戦直後もここにあったのでしょう。私はこの交番の前で、警官と住民が並んで「お疲れ様でした」などと、父にねぎらいの言葉をかけたような気がします。警官は、「気をつけ」の姿勢で敬礼をしたのだと思います。父は「ただいま帰ってきました」と答えました。その出迎えの列の中には、父の知り合いもいたかもしれません。

津山口から妙勝寺へは、細い道を歩いて行きます。進行方向右手には山が迫っており、月明かりが道を照らしています。小さな川が、道と並行して流れています。ちょろちょろと音を立てて、この川は吉井川に合流します。父は、この川の流れを追いかけるように歩いて行きます。父と母に会える喜びに、胸が高鳴ったでしょう。まず、なんと報告したらよいか、その言葉を選んでいました。

道の両側には、民家が軒を連ねています。どの家にも、明かりがともっています。歓談する声が道にも聞こえてきます。「生きていてよかった」そう思うと、感極まって頬に熱いものが流れ落ちます。やがて道は四差路に当り、そのまま進むと吉井川の土手へ上がります。そこから堺橋へ歩を進めます。さらさらという川の流れが聞こえます。

父の胸は、急に高鳴ってきたでしょう。涙がとめどなく頬を伝ったことでしょう。帰宅したら、両親に何を言おうか、戦死した兄のことをどのように労おうか、いろいろと頭をめぐらし、戦場に散った多くの戦友の顔と重なったでしょう。

橋を渡ると、なだらかな下りの坂道になっていて、四つ角には村瀬という八百屋があります。ここでも、また父は声をかけられました。

「坊ちゃん、お帰りなさいまし」

そして、妙勝寺の梵鐘のない山門をくぐりました。さあ、その後はどうなったでしょうか。

私はこの日もまた、持参した弁当で夕食をしました。母とは、いつものように世間話や思い出話をしました。お寺を出たのは、午後八時半ころでした。

恩返しの博士論文

一〇月二六日、金曜日。朝、目覚めてカーテンを開けると、窓の外は霧でした。この時期の岡山県北には、よく霧が発生します。放射冷却現象によるもので、もっと山間部へ行くと雲海が出来ます。山に登ると、下に雲が見えるのです。文字通り雲の海です。山の上から眺める雲海の景色は、素晴らしいと聞きます。私は、前夜はぐっすりと眠れました。

こんなにぐっすりと眠れたのは、もう何十年もなかったように感じます。睡眠中は、何かしら日常気になっている夢を見たり、時には悪夢に近い夢を見たりすることもありました。やはり、日常のストレスが、睡眠中も私の脳裏を支配しているのでしょう。最近は、前立腺癌のことが気になります。「もしかしたら、癌かもしれない。どうしよう……」という恐怖感に襲われます。目覚めて、「ああ素晴らしい、生きていてよかった」と感じるような朝は、昔はよくありましたが、爾来、生きていることの喜びを感じられる目覚めは、本当に久しぶりです。

なにか、母の深い内懐に抱かれて眠りにつき、安心して目覚めたといった感じでした。実に不思議な気分でした。これから毎朝このような目覚めをしたいものです。もちろん、博士論文を書き終えて合格発表があり、この年の三月に提出した名古屋産業大学から学位記を授与され、出版の運びになったという、一仕事終えた達成感と安堵感があったこともあると思います。

正直、博士論文は、母と父親のために書いたものです。父は、二〇一一年三月、他界する前年ですが、延子を伴って、公聴会が開かれた名古屋産業大学まで、来てくれました。それから一年後、父は天国へ召されました。博士論文を収録した『躍進する風力発電』――出版に当たり、私の勤務校、東海学園大学からは出版助成費をいただきました。制度創設第一号でした――という本は、父の仏前に供えました。博士論文を書く三年間は、本当に大変でした。このストレスが原因で、癌を発症したのではないかとさえ思うくらいです。

韓紅のもみじ

私は、母の実家の農家から北の小田中の旧道まで、かつて一面田んぼだったところを散歩しました。今は、その地区一帯は、東西に都市計画道路が走り、沿道には商業施設やアパートなどが建ち並んでいます。昔の面影はありません。

私の記憶の中に、妙に鮮明に残っている残像があります。私の母校の西小学校から北へ、田んぼのあぜ道を進んで突き当たったところにお寺があって、そこの参道には、秋に素晴らしい紅葉を見せる雑木林があったのです。あまりの美しさに私は、モミジか楓かは分かりませんが、大きな落葉を拾って帰ったことを覚えています。私は、自然の色彩がこんなにも美しいものだという感動を、幼心に焼き付けました。その赤い色は今も鮮明に脳裏に焼きついています。韓紅は伝統的日本色名で、紅花で染めた濃い紅赤色とされています。RGBの色彩ではred233、green84、blue100で、カラーパレットで作ることができます。

そのお寺は、確か安国寺といったと思いますが、今、そのお寺へ行って参道を歩いても、当時の記憶と結びつくような景色は、残存していませんでした、不思議な思いを抱きながら、母の実家に行ってみました。母の弟、忠さんの長男、つまり甥の喜一君の家です。

実家の裏には小さな出入り口があって、幸いこの実家はわらぶき屋根を瓦に代えただけで、建て替えをしていないので、その裏口は今もあります。そして、その裏口を出たところに、幅一メーターくらいの小川が流れていたのですが、今は、小さな側溝に変っていました。あとで母にこのことを報告すると、「そうか、どうしたんじゃろう」と、言いました。

その実家から少し西へ進むと、分家をした母の下の弟、稔さんの家があります。昔は、道路に面して建っていたのですが、今は建て替えています。カーポートに車がなかったので、寄らないで通り過ぎました。

この辺り一帯も、母の実家の田んぼや畑だったのですが、今はすべて市街地化されています。私は、母の故郷を市街化区域に編入し都市計画道路を建設し、昔の面影を奪った行政を責めているのではありません。それは時代の流れであって、致し方のないことです。ただ、母が愛したこの故郷の昭和の残像を噛みしめているだけなのです。

そこで、私は、稔さんの畑が今もあるというので、確かめに散策に来たのでした。母から、その畑は紫筑川と城西通り――都市計画道路――が交差したところ、と聞いていたので行ってみると、確かに畑がありました。ネギやホウレンソウが植えてありました。旧道と紫筑川が交差したところにも、大きな農地がありますが、これは難波のしげちゃんの畑だそうです。戦前の半封建的地主制度の下で、母や、父母、祖父たちが耕した耕地は、今ではここだけになってしまいました。農地の大部分は、車を走らせる幹線道路と、それによって成り立つ商業資本が支配する空間へと変貌したのです。

母の実家の農家の裏手からここまでは、一連の農地だったのです。母は、このような環境の中で育ったのです。実家の江見家は、ここで比較的裕福な農家として、先祖代々農耕に勤しんできたのでした。母によれば、現在の立正青葉学園と大楠のある神社の間にも田んぼがあり、学校が終わると、雀を追いに来たそうです。これは、前にも書きました。しかし、戦後、農地改革が進む中で、家督を譲り受けた長男忠が、放蕩な生活から田畑を失ってしまったのでした。母は、このことについて、忠さんを責めるようなことは一度も言ったことがありません。

余談ですが、この神社の大楠には、私の子どものころから梟《ふくろう》が棲んでいて、夜になるとホウホウと鳴いていました。母は、私が夜更かしをしてなかなか眠らないときは、

「ほら、ホウホウが来るで」

と言って、寝かしつけたのだそうです。子ども心に、鳴き声が怖かった記憶があります。この梟は、つい最近まで鳴き声が聞こえていたように思います。いつだったたか、私が大学の先生になったばかりのころだと思いますが、寝る頃に梟の声が聞こえました。でも、もう聞くことはありません。お寺には泊まらないからです……。

吉井川と支流の紫筑川との合流点から下手には、昔、水泳の神伝流の練習場がありました。今では、コンクリートの足場や、コンクリートブロックなど一部を残して見る影もありません。

私は、コンビニでおでんとお結びを買って帰り、母とお昼ご飯を頂きました。母は、村瀬商店でお弁当を買ってきていました。手づくりのおからが美味しいと言って食べています。

「もう戦争の話はやめよう」

と私が言うと、題名は「青空が……」と言うので、

「青空が輝くとき。B29がいなくなって、平和が来てよかった、よかったという本にしようと思う」

と言うと、嬉しそうに、

「早う書きんちゃいな」

と、励ましてくれました。その日は、私は一三時二八分の快速で津山を出ました。

独立歩兵第一四旅団第二四四大隊

一一月一九日、月曜日。朝早く家を出て、掛川、九時一一分発の新幹線こだまに乗りました。新幹線が名古屋に着くと、空を覆っていた雲は、飛んで切れ切れになり、青空が広がりました。私は、今朝起きたときに、次に書く本の題名を『青空が輝くとき』から『碧空が輝くとき』に変えることにしました。青空よりも、碧空の方が輝いている様が、よく表現出来ると思ったからです。

今、新幹線から見る青空はまさに碧空です。「へきくう」と読むのが正しいようですが、どう読むかは読者に任せましょうか。でも、結局無難な「青空」に落ち着きました。その代わり、電子出版の「日記」の方を「碧空」にしました。

お寺に着くと、母と、孫の律を抱いた延子が門の前にいます。私が帰ってくるのを待っていたそうです。母は、そのまま奏が帰ってくるのを待ちます。折り畳み式の乳母車に座り、道の先にある西小学校の門の方をじっと見ているのです。私は、近くのコンビニで買い物をして、母と食事をしました。

私は「たあさん——度々登場する母の弟の忠叔父さん——はどんな悪いことをしたのか」と、聞きました。実際、極道をした、親不孝をしたとは聞かされてはいても、具体的には何も知らないのです。でも「いろんな人から騙された」と、これまでの説明を繰り返すばかりです。

「自分の土地を綺麗さっぱり人手に渡したんじゃけん、本望じゃろう」

と、弟をかばいます。

「やくざと関わっていたのか」

と聞くと、

「それはない」

と、否定します。

「諭した時には遅かった」

と、これは以前に聞かされた話です。もうこの話はやめようと思いましたら、母はこんなことを言います。

「親苦労、子楽、孫ほいと＊」

どういうことかと聞くと、

「親は駒十郎、子はきよの、孫は忠で、その通りになってしもうた」

と、いうことです。「ほいと」は乞食のことで、差別用語です。

「編みがさをかぶり、ぼろをまとうたこじきが、新田《しんでん》の方から江見の隣にもようきよった」

と、思い出してくれました。新田というのは小田中の山側の旧道の方のことです。話が父のことに及ぶと、延子が、

「お爺さんの階級章がある」

と言い、持ってきてくれました。なんと、昭和二一年四月一日付けの検疫証明書と五月六日付けと七日付けの証明書があります。独立歩兵第一四旅団司令部、布施賢一と署名された書類がありま す。日付は昭和二一年四月一日、ジフテリアなどの検疫証明書のようです。英文もありますが、これにはＫａｚｕｙｕｋｉ　Ｓｅｇａｗａとあります。父の名前はＩｃｈｉｇｙｏです。これは、おそらく帰国時、満州の港で渡されたものでしょう。作成したアメリカ人がＫａｚｕｙｕｋｉと読んでしまったのでしょう。もう一通は、五月六日付けの独立歩兵第一四旅団第二四四大隊の証明書で、七日の証明になっています。父は、石家荘（庄）で訓練を受けたことがあるようです。

「中国で、前に、毒入り餃子事件——冷凍餃子中毒事件（二〇〇七—二〇一〇）——があったときに、テレビを見て言っていた」

と、延子が言います。父は、私たちに、満州でのことはほとんど語ってくれませんでした。延子によると、

「仏教人としてあるまじき行為があったかも……」

と言うことなんですが、私は、もっと根の深い理由があったのだと思います。

「対ソ連関係の極秘命令があったのではないか」

と言うと、驚いた様子でした。いずれにしても、父の大陸での消息については独立歩兵第一四旅団第二四四大隊の動きを追うことで、ある程度推測可能だと思いますが、これは大変なことです。終戦から引き揚げまでの、約九か月間のことについて知りたいとは思いますが、これは大変なことです。独立歩兵第一四旅団第二四四大隊が存在したことは記録に残っているのですが、終戦の報を受

けて九か月間、一体何をしていたのでしょうか。知りたいとは思いますが、至難の業でしょう。

母は、

「學進さんは、一成が死んだし、一行が帰ってこなんだら、寺を出ていかんといけなんだと言っていた」

と、言います。

「學進さんは、息子を大事にしよった」

とも言います。私は、ミステリーの中へと迷い込んで行きます。これ以上、深入りしない方がよいのかもしれません。

お寺には、夜八時過ぎまでいて、ホテルへ帰りました。私には、知らない方がいい話だったかもしれません。

一一月二〇日、火曜日。この日は、平日で授業があるので、津山駅を早朝、七時五三分発の快速で出発しました。いったん大学に寄り、授業をやってから、延子が乗ってきたのぞみに乗り、東京駅で幸子と合流、埼玉県桶川の正道の所へ行きました。正道は、私の息子です。

翌二一日、東京の池上本門寺で、父の先師合同供養祭へ参列、夕方藤枝へ着きました。独立歩兵第一四旅団第二二四大隊について、インターネットで調べるといろんなことがわかりました。でも、この本で扱うには複雑過ぎる内容です。

＊上に出てきた「ほいと」について、調べたことを記しておきます。
ほいと（祝人）　物乞い。〔職業に関する蔑視語〕
ほいとう（陪堂）　ものもらい。乞食。ほいと。仁勢物語「さてここかしこ―しけれどもくれざりければ」〔職業に関する蔑視語〕

第六章　残像

真冬へ

一二月三日、月曜日。朝八時に自宅を出ました。雲ひとつない青空です。津山へ持っていく野菜を入れた紙袋をぶら下げて、新幹線に乗りました。もともと、私は土産を持ち歩くのが嫌いで、母に土産など渡したことがないのですが、最近は、野菜や静岡の茶ソバなどを、よく持っていくようになりました。不思議なものです。

体がだんだん不自由になって、買い物に行くのも億劫になっているので、野菜が台所にあれば、何か作って食べるだろうと思うのです。お寺へは、午後二時半に着きました。父の形見の冬の背広の直しが出来ていました。ズボンのファスナーも直っていますし、袖も三センチほど長くしてあります。

「買えば一〇万円以上するよ」

と言うと、

「直し屋さんが、上物は虫が食わん言うとった」

と、自慢します。そういえば、私の安物の背広はいつも虫にやられます。出口洋服店で、結婚直後にしつらえたそうです。出口というのは「昔、安岡町に店を構えとった洋服の仕立て屋で、街の方にも店を出しとった」洋服店のことですが、私には、うっすらと記憶があるだけです。ずいぶん昔のことです。

ズボンの前あきが、ボタンになっていたのはそのためでしょう。私も子どものころ、ボタン製の前あきのズボンをはいていた記憶があります。

ホテルでチェックインを済ませて、いつもの天満屋の食品売り場で、仏さんの花を買って帰りました。母は、

「お爺さん、久志が帰って来たで」

と、言って迎えてくれます。夕食は、藤枝の家から持参した野菜と、シチューとカレー、それにブロッコリーです。私が、色々持ってくるので、あてにしているようです。話題は、またいつものように同じことの繰り返しですが、昔ばなしです。岡春恵さんのことを話題にすると、「私だって、つきおうた人は二人おった。一人は小山農機具店の向こうの○○さんで『おう、どうしようんなら(元気か)』言うて、ようきよった」

と、言います。昔の彼氏のことでしょう。友だち程度かもしれません。やはり会話をかさねるたびに、記憶の奥深い部分に入り込んで行くのですね。二人のうちのあと一人は、喋りませんでした。

「規則正しい生活をしないと駄目だよ」

と言うと、

「面倒くさい」

と、言います。前にも言っていたことですが、「うちの風呂は入りにくい」というのが気になります。

いつか「我が家の檜風呂に入れてやろうか」と言ったら、笑っていたのを思いだしました。私としたら、まじめに言ったつもりなんですが。

妹の初恵さんは、退院して家に帰って来たそうです。

「元気にしんちゃい言うてくれる。稔とは、よう話をするけど男じゃけんな。女同士でないと分からん話もある」

と、言います。

「今度、初恵さんのところへ行こうか」

と誘うと、頷きました。私は小説を書くための資料として、母の江見家と、父の瀬川家の家系図をつくっています。その中の人物の名前や、歳を確認するために、母に見てもらいました。いくつか漢字の間違いや兄弟・姉妹の順番の間違いが見つかりました。

「子孫が大勢増えたね」

と言うと、満足げに目を細めます。ジェンダー主義者は、子孫の繁栄を誇りとします。家系図の中の、私の従弟の史保に話が及ぶと、

「史ちゃんは、いつだったか嫁さんを連れてお金を借りに来た。父は、二〇万円を貸したけど、結局返しに来なんだ。嫁さんを近くのどこかに隠してお寺に来た。そのあと、また五万円を借りに来た。お爺さんが、よっぽど金持ちじゃ思うたんじゃな」

と暗い表情で、しゃべります。雨が降ってきました。初冬の冷たい雨です。早めにタクシーでホテ

ルに帰り、風呂を浴びてベッドに潜り込みました。

癌検査で陽性反応

夢の中で、藤枝の土居さんという友人がニコニコ笑っているので彼の家へ寄りました。夢と知りつつ、帰ろうと思い道路へ出ると、藤枝の自宅へ行く道が分かりません。前方に、いくつか道路標識が現れるのですが、全部知らない地名です。やがて海岸へ出ます。岩場で大勢釣りをしています。山には坂道があり、そこを行くと藤枝へ行けるような気がしたので、私は泳いでそこへたどり着こうとします。

綺麗な景色を楽しみながら、潮の流れに身を任せていると、突然強い潮の流れを感じて、岸へ上がろうとしますが、小さな洞窟へ閉じ込められてしまいます。そして、洞窟の入り口を木の戸がふさいでしまいます。戸は頑丈で、拳で叩いてもびくともしません。洞窟の奥深く引きずりこまれていく恐怖感で目が覚めました。真夜中のことです。

最近こういう悪夢をよく見るのです。後から振り返ると、癌細胞の増殖のせいだったかもしれません。翌日も、よく晴れ渡った空がありました。昨日の夢は、一体なんだったのでしょうか。

一二月一〇日、月曜日。私は藤枝総合病院で、前立腺癌の腫瘍マーカーのデータを聞かされました。九月の検査で値が高かったので、総合病院でもう一度血液検査をしたのでした、やはり陽性です。いよいよ、癌の可能性が高くなってきました。前立腺肥大はないので、疑われるのは癌です。

年が明けたら、入院して生体検査をすることになりました。夢の正体ですが、私は、無意識のうちに、母にすがっていたのかもしれません。


一二月一四日、金曜日。昼間は曇り空だったのですが、津山線で津山駅へ着くと、駅前には小雨が降っていました。大きなリュックを背負っているので、タクシーでお寺へ行きました。時計は、七時前を指しています。母が、

「ありゃあ、帰りは今日じゃったんか。明日じゃ思うとった」

と、不思議がります。日にちを一日間違えているのです。「ぼけたかな」と言います。

「勘違いすることってあるよ」

と言うと、それでも首を傾げます。私は、九月中旬の検診で、前立腺の腫瘍マーカーの値がまた高くなって、ついに入院検査をすることになり、母に、入院の連帯保証人になってもらうことにしました。署名と捺印が必要です。書類を渡すとびっくりしましたが、入院費の保証だと言うと安心しました。


その夜は、孫たちが遅くまでいたので、十分話はできませんでしたが、藤枝から持参した鍋と電気ヒーターで、これまた持参の白菜と京菜を入れて、寄せ鍋を作って食べました。私は、癌のことは母には隠さず、すべて話そうと思います。でも、入院のことを話したときの、母の不安そうな表情は、今も忘れません。

翌日、朝早くお寺へ行ってみると、母はまだ寝ていました。「おはよう」と言うと、「お爺さんか」と眠気眼で言います。半分、寝ぼけているのでしょう。それでも起きてきて、

「なんで日にちを間違えたか、考えようったら寝れなんだ」

と、言います。気になるんでしょうね。その日はすることもあるし、早めに帰ろうと思っていたところ、母は開口一番、

「二六日に、みんなで予定しとる身延山行きの旅費を全額負担した」

と、言います。もちろん、津山から行く延子、法子など七名分です。宿代も出すと言うのです。

「宿代くらいは、みんなで出すよ」

と言うと、

「今度で、身延山詣でも最後じゃけんな、気持ちよう行こう思うて、全部出しちゃる」

と、言います。身延山は、日蓮宗の本山です。その気持ちは分かるので、貰うことにし、お金を受け取りました。何でも郵便局の「がんばる保険」というのがあって、毎月三万円ずつ掛けて、来年九〇万円が出るのだそうです。父が始めたものらしいのです。死亡保険金の受け取りは延子になっています。さらに、六年後の九〇歳に、また九〇万円が出るのだそうです。

「積み立てたのが出るだけで、年金とは違うから、大事に貯金しとかないと」

と言うと、「全部使こうて死ぬ」などと、冗談を言います。でも、あながち冗談でもないようです。そういうわけで、再来週は身延山詣ということになりました。

身延山参り

「藤枝が懐かしい。美子が幼稚園の時に、私が一人でお前のところへ連れて行った。正道と二人で

小学校へ行って遊んだり、公園の梅を見たり、山の上から滑り台を滑り降りたりして遊んだ。藤枝は思い出が詰まっとる」

と、懐かしそうに喋ります。

「美子があまり泣くけん、あんたが『ピーピー泣くな』と怒った」

と、言います。私は、このことを全部忘れていたのですが、「そういえば」と思い出しました。でも、怒ったことは思い出せません。公園というのは、蓮華寺池公園のことで、梅の咲くころというと二月の初めでです。山の斜面に梅と桃の木がたくさんあります。

最近、母は、私たちが大きくなってからのことを、よく喋ってくれます。太平洋戦争の本――『青空が輝くとき』――は、大体構想が出来たから、次は、戦後から最近までだと伝えてあるからでしょう。

そろそろ帰ろうとすると、

「温うなったら――暖かくなったら――足もようなるじゃろうけん身延へ行こうか」

と、言います。

「私が津山へ来て、連れて行ってやる」

と言うと、満足げでした。でも、果たして行けるやらどうやら。この前来た時に、袖の長さを伸ばすようにと頼んでおいた冬物のブレザーが、直っていました。袖に腕を通すと少し小さいのですが、まあまあぴったりです。高級なブレザーです。「誰が着てくれように――誰が着てくれるだろうか。お前しか着てくれる者はいないの意――」と、言います。私は、ただもったいないから着るだけの話なのですが、ほのぼのとした思いで、津山をあとにしました。来年の桜の頃、また身延に行けると思うと心が躍ります。でも、結局癌との闘いで行けなかったことは、言うまでもないことでした。

一二月二六日、水曜日。身延山参りの日です。津山からは総勢七名の一行が、身延を目指して新幹線に乗っているはずです。藤枝の私と幸子は、静岡で合流すべく藤枝を出ました。特急富士川で、静岡から一路下部温泉へ向います。ホテルは、なじみにしている下部ホテルです。

母は、途中、車椅子をJRの職員に頼んで進み、ホテルへ着きました。私は、生憎風邪を引いて、前日まで高熱でフーフー言っていましたが、幸い、二六日には体調が改善しました。幸子に先に行かせて、私は五時半着の「富士川号」で下部温泉に着きました。

夕食を挟んで、楽しい夕べのひと時を過ごしました、私と幸子、母を一部屋にして、残りは隣の部屋です。響と奏が私たちの部屋に遊びに来て、しばらくお喋りをしました。法子と幸子がおばあちゃんを風呂に誘い、私は早々と就寝しました。

翌日は、目を覚ますと朝曇りです。朝食をいただいて、しばらく三人で昔話をします。ホテルを出る頃には、晴天に変り、予約しておいたジャンボタクシーで、身延山へお参りしました。母は、車椅子での移動です。山頂の久遠寺本堂でお札、回向などを申込みし、ロープウエーで山頂へ向かいました。母は、幸子とロープウエー駅で下山を待ちます。

一二時には、JR身延駅に着き、駅前の食堂で昼ご飯を食べました。土産物などを買い、一三時三三分の富士川で帰路につきます。静岡ではあまり時間がないので、急ぎ足になりましたが、JR

スタッフのサポートで、一五時一一分のひかり号に乗ることができ、岡山に向かいました。一生忘れることのできない旅行になりました。

一二月三一日、月曜日。二〇一二年の大晦日です。私は、もう随分長い間、正月を母と過ごしたことがありません。一九九二年、私がそれまで勤めていた静岡大学を辞めて、お寺を手伝うようになってから三年間は、津山で過ごした記憶があります。

静岡県藤枝市の自宅との間を、国や自治体の受託研究などで、行ったり来たりしていたのですが、普段は津山にいて、お寺のことを手伝ったりしていました。春と秋のお彼岸、夏のお盆は檀家回りを手伝いました。この頃、本当に私はお寺を継ぐことを考えていたのです。当時は、長男の正道も、津山市の中学校――西中学校――に通っており、幸子も市内の中学校で教師をしていました。一九九五年に、私が現在の愛知県にある東海学園大学へ再就職したときに、正道が東京の日本工業大学へ進学したので、幸子も津山を出て藤枝に戻ってきました。

その後、幸子は看護師の資格を取るために、千葉県の看護師学校に通いましたが、そういうわけで、生活の基盤が再び藤枝市に戻ってきたので、母のいる津山から足が遠のいたことは言うまでもありませんでした。津山を出るときに、母が一言、

「やっぱりお前は学問がええんじゃ」

と言いましたが、この言葉の棘は、私の心の奥に深く突き刺さったまま、今も癒えてはいません。なぜ、大学を辞めてまで津山へ行ったのか、また寺院のあとを継がなかったのか、これには深いわけがあります。このことは到底書く気にはなりません。この日は、新幹線の指定席を取り、岡山か

ら快速へ乗り継いで、いつものように津山に着きました。九時半にはお寺に着きました。

お寺では、大晦日の除夜の鐘を突く恒例の大仕事があり、孫やひ孫、それに近所の人たちで境内は大賑わいです。コーヒーサービスの屋台まで出ています。もちろん、この日ばかりは、母も寝ずに起きていて、ひ孫たちのお節介をしています。こうして、二〇一二年の最後の日は無事に終わりました。

草食系男子

二〇一三年一月一日、火曜日。大晦日に夜更かしをした——寝たのが二〇一三年の一時半——ので、元旦はたっぷり寝て、お寺へ行ったのが午前一〇時半です。それからお昼ご飯をいただいて、ホテルへ帰り、いよいよ、『青空が輝くとき』の原稿を書き始めました。年が変わったら書き始めようと考えていたので、気が引き締まる思いがします。とりあえず、最初の一ページ目を書きました。

気になっていた、林田《はいだ》の蓮光寺を訪ねたのは午後五時でした。この寺院は、大正年間、學進さんが東京で修業をした後、最初に入山したお寺なのです。妻のハナさんと一緒に、このお寺を切り盛りしました。長男の一成さんは、このお寺で生まれたのでした。まだ私たちの世代が存在しない大正年間の頃です。

自分で持参した鍋で、これまた持参した白菜など野菜で、寄せ鍋をして母と突いて食べました。延子によると、母は水炊き——寄せ鍋のこと——は、あまり好きではないそうです。そういえば昔、食糧事情のよくない時代、すき焼きは、冬に何度かいただいたのですが、寄せ鍋はあまりやった記憶がありません。歯のわるい學進さんが「食べろ」といって、肉を譲ってくれたのを思い出します。

また脱線しますが、二一世紀に入って、草食系男子なる言葉が流行し――私の大学の男子学生を見ていてもそう思うのですが――とても優しい若者が増えてきました。そこで、

「最近、野菜ばかり食べて、女の子との恋愛願望のない男の子が増えているよ」

と言うと、

「そうじゃろう思うた。美子に婿さんがつかんのも、草食系が多ゆうなったけんじゃな」

「まあそう言うことか。勉強するわけでもなし、遊ぶわけでもなし。でも、まあ大人しいし、とっぴなことをしないから扱いやすいよ」

「あんたも草食系か」

「まあ、その系かな。真面目だし、遊ばないし。仕事人間じゃないし。遊ぶのが嫌いで、浮いた話もないしね」

「嘘言うな。男は、少々は遊ばにゃいけん」

会話が、あらぬ方向へ向いて行きました。女は子どもを生むのが天職と決め付けて、卒業式の中学生の前で式辞を述べた馬鹿な校長がいますが、母の主張もひっくり返せば、似たり寄ったりで、これを本にしようという筆者の見識を疑われるというものです。しかし、はじめにもお断りしたように、現時点から言うと「不適切な表現」がある場合にも、それは、時代背景を述べる上からの必要性から、あえてそう表現しているということで、どうぞご容赦ください。もとい。

怪談映画のトラウマ

母は、パンもあまり食べません。子どもたちが帰った後も、鍋をつつきながらの食事ですが、テレビに藁ぶき屋根の農家の写真が映ると、

「昔の江見の家はこんなじゃった」

と、懐かしそうに言います。

「夏は涼しうて、冬は温くかった」

と、言います。

私が、

「建て替えは、忠さんが生まれたからか」

と聞くと、

「そうじゃ」

と、答えます。

「泊まっていけ」

と誘うのですが、

「座敷に寝るのは怖い。トイレも怖いし、寒いから嫌だ」

と言うと、

「そういゃ、あんたは小さい頃から、怖がりじゃけん、おんびんたれ（小心者、臆病者）で、便所

までよう行かんけん、途中の渡り廊下でじゃーじゃーしよった」とまあ、昔のことはよく覚えているのです。母の部屋に泊まって行きたい気持ちはあるのですが、どうも気おくれしてなりません。日本男児・瀬川久志の名誉のために言うのですが、この私の怖がりには、理由があるのです。

私の子どもの頃、親戚の従兄弟に映画好きの義理姉がいて、私を連れて、大川橋蔵や中村錦之助といった俳優の出る、時代劇をよく見に連れて行ってくれるのはいいのですが、お岩さんとか牡丹灯篭などの怪談映画がセットになっていて、映画から帰った夜、トイレに行くとあの恐ろしいお化けが出そうで、怖い思いをして、トイレに行けなかったことを知っていて、母は私をからかうのです。

夜はしんしんと冷えます。みぞれ交じりの雪の中、いっそのこと、母の部屋で寝ようかという誘惑に駆られながら、私は、歩いてホテルへ戻りました。

麦畑の記憶

一月二日、水曜日。いつものように、朝起きてご飯をいただき、またひと寝してしまいました。昨日の蓮光寺詣でが効いたのでしょう。ゆうに一〇キロは歩いたでしょうか、足にまめができています。お寺に着いたのが十一時半、昨日の残り物で食事をして、二時半頃まで話をしてホテルに引き上げました。夕方五時頃まで小説を書いて、天満屋に行き、おかずを買って、鍋の残り物をつついて夕食をとりました。お寺には、誰もいなくて、母と二人だけの食事です。母は、

「田中のたっちゃんいうのが近所におって、学校から帰ったら、たっちゃんが山へ行くか言うて、よう遊びようった。紫筑川の向こう、吉井川の鉄橋まで行かん所に江見の畑があった。学校が終わったら、麦飯の弁当を持ってよう行きよった。鉄橋を渡ったところに、一方——岡田家——の畑があって、おじさんと話をしよった。あの辺はどうなったかな。一度行ってみたいな。懐かしいなあ」

と、言います。私は、この思い出話を聞いて、何か懐かしいものがこみ上げてくるのを感じました。「鉄橋の近くの畑」という部分です。私の記憶の中に、延子と私を連れだって、母が鉄橋下手の畑——確か麦畑——を散歩した記憶があるのです。小学校の低学年の頃ではなかったでしょうか。麦の種類までは覚えていませんが、麦畑には突然変異か病気かは分かりませんが、所々に黒色の穂があり、それで延子の顔にいたずらをすると、怒って追いかけられたのを覚えているのです。そんな光景を目にする母の目が、すごく優しかったことを覚えています。

確か季節は春、麦の穂に黒い煤のような粉がついていたのを、薄っすらと覚えているのです。カラス麦ではなかったでしょうか。私の目の前を、延子がこちょこちょと走っていました。記憶違いかもしれません。その頃は、母の記憶にある江見家の畑や岡田家の田圃があったのではないでしょうか。母は、懐かしい江見家の畑を、私たちに見せるために連れて行ったのではないでしょうか。自分自身の幼い頃の思い出を踏みしめながら。

一月三日、木曜日。昨日の話が気になって、午前中、松原の土手を吉井川沿いに歩き、姫新線の鉄橋まで行ってみました。鉄橋の上・下流、吉井川の左岸に、昔から畑があったことを私は覚えています。母の記憶にある畑は、多分その辺りにあったのでしょう。
帰って食事をしながら見てきた様を話すと、母はいたく感心していました。昼ご飯を食べてホテルに戻り、本の原稿を書いて、またお寺に戻りました。孫たちも含めて大勢で食事をして、あとに残ったのが、私と陽平君、それに康之君です。お婆ちゃんはこのように昔を回顧します。その内容は、今まですでに話してくれた通りなのですが、以下のようです。

貧乏くじで生まれた子ども

「一成さんの子どもの正子が産まれたのは、昭和一九年一二月。その頃、一成さんと妻の恒子さんの二人は、福岡県の大牟田三池炭鉱におったんじゃ。その後、召集がかかって津山に戻り、住所は南新座の高見病院の前の恒子さんの実家じゃった。そして、一成さんは兵隊にとられ、恒子さんが正子を実家で育てようったが、二〇年二月、一成さんの戦死が明らかとなって、正子をお寺に帰して、話が離婚することになったんじゃ。

恒子さんは、中島病院の先生の紹介で再婚をしたけど、二度目の亭主も運悪う亡うなってしもうた。ほんに男運が悪かった。このことを、學進さんは苦々しゅう思ようったに違いない。昭和二二年になって、私と一行さんの結婚話が出たのは、學進さんが恒子さんを嫌ろうて、私と正子を早くなじませようとしたからじゃった。

二二年五月に、私と一行さんが結婚――この本の原稿を整理している現在、父の遺品の中から出てきた結婚式の写真には、恒子さんが写っています。恒子さんは女優のように綺麗な方です。――

する時に、『もしも一行さんと恒子さんが再婚することになったらすぐに戻ってこい』ゆうのが、駒十郎さんの考えじゃった。

私は、一行さんに嫁いで、正子の初めての参観日があった時に、ハナさんが私に意地悪をした。私は、ムカデに刺されて、左目の上がお岩さんみたいに腫れ上がっとったけん、先生に会えんと言うと『自分の子どもなら出る癖に』と言うた。正子は、その後、恒子さんに会いとうて、恒子さんが住んどる奈良へ行ったけど、冷とうされたらしい。それで、正子は死んだら一成さんの墓へ入れて欲しいと言ようる」

まあ、ざっとこういういきさつなのです。この話を聞いていた陽平君——初めて登場しますが、延子の長男——が、

「おじいちゃんは、今から一〇年ほど前に、『恒子さんを連れて終戦直後東京へ一成さんの死を確かめに行った』と言った」

と、意外なことを言うのです。これは初耳です。今書いている小説も、なかなか難しくなってきたことを実感しました。

「本当か。間違いないか」

と念を押すと、間違いないと答えます。当時の厚生省へ行ったのでしょうか。父は、兄、一成さんが生きているのではないかと考えていたふしがあります。父の遺品に、太平洋戦争終期に、満州から父母へ宛てた多数の軍事郵便があり、「兄上から何か連絡はないでしょうか」という、一成さんの安否を気にかける葉書が何枚も残っています。軍人としての勘なんでしょうか、戦死してない可能性を考えていたのでしょう。そして、それは正子の証言で事実だったのです。昭和四七年に、横

井正一さんが生きて帰還したという事件もありました。この方の最終階級は軍曹でした。一成さんは曹長でした。こういうことを考えると、本当にやりきれない気持ちになります。

「私が一番の貧乏くじを引いた」

という、母の言葉が身に染みました。貧乏くじをひいた母から生まれたのが、私と延子です。

學進さんの修行寺

一月二六日、土曜日。東海地方は、風が強い真冬日です。明日は父の一周忌。津山へ行く途中、岡山で下車しました。北区中央町の、元瓦町を訪ねました。一〇―二〇という地番の近くに蔭涼寺というお寺があります。駅から歩くこと一五分、目指すお寺に着きました。小さな山門の右手に、

「本寺院は岡山空襲で焼け再建した」とあります。

玄関のチャイムを鳴らすと、若い奥様が出てきました。

「この近くに戦前、空襲を受ける前に正福寺というお寺があったのですが……実は、私の祖父がそのお寺で修行をした記録があるので、ちょっとご存知のことがあったらお聞きしたい」

という用件を告げると、分からないらしく、おじいちゃんを呼んでくれると言います。無理もない、古い話ですから。プードルと三歳くらいの男の子が出てきて、珍しそうに私を見ます。おじいちゃんというのは、八〇歳前くらいのご住職です。正福寺のことを聞くと、次のように教えてくれました。

「私は、終戦当時の昭和二〇年はまだ子どもで、修行寺へ行っていたので、この辺りのことは知ら

ないが、正福寺は向こうの駐車場の辺りにありました。岡山空襲のあと、本土決戦に備えて、向こうのＪＲの線路の方からこの辺まで、五〇センチほど盛土をして滑走路にした。その時、正福寺の参道の一部が滑走路に引っ掛かるので接収された。滑走路には、結局飛行機は飛ばなかった」

住職の話は、こういうことでした。私は、丁寧にお礼を言い、お寺をあとにし、その正福寺があったという場所へ行ってみました。駐車場があり、ビジネスホテルが建っていました。通りには、現在の正福寺のホームページにあるように、商店が数軒建っていました。場所はすごくいいところです。

西には、柳川（掘割り）が流れ、いくつもの橋が架かっています。最寄りの橋は昔をしのぶ瓦橋です。この光景は、新幹線の岡山駅から見ることができます。『青空が輝くとき』には書いたのですが、江戸時代は、この場所は、多くの瓦職人が住んでいて賑わっていたそうです。その後、手狭になったので、瓦町は街ごと郊外へ引っ越したそうです。

まだ、瓦町があったころ、橋は瓦橋と命名されたのでしょう。ここへ、學進さんは、一二歳の時、正福寺の黒田日貫聖人に師事するために、親元を離れてやってきたのでした。學進さんは、Ｂ２９の空襲で焼けた正福寺跡を、戦後見に来たのでしょうか。結局、夕方お寺に着き、また、いつものように昔ばなしです。明日は、一周忌の法要、幸子も一緒なので話が弾みました。

母の許婚

一月二七日、日曜日。雪景色の中、親戚が集まり、午前一〇時半から本堂で法要、東姫楼にて会食です。楽しいひとときを過ごしました。大往生だったので、一周忌といってもさっぱりしています。夜、お寺には母が一人になったので、いつもの天満屋でお惣菜を買って簡単な食事をしました。来年が三回忌になるのですが、住職が今年の一一月から身延へ修行に出て不在になるので、どうしようかと言うと、知らなかったらしく、心配し出しました。どうも、コミュニケーションが取れていないようです。

「この前、修行に行ったのにまた行くんか」

と、聞きます。

「妙法寺さんの跡取りが、修行で不在の時は、父が葬式を助けた」

と、言います。三回忌も、

「延子が資格を持っとるけん、するじゃろう」

と、三回忌には楽天的です。八時過ぎには、ホテルへ戻って来ました。

今回もいろんなことが分かりました。

一つは、正子が、なんと、母の恒子さんが生前に着用していた毛糸のベストを、母に持ってきたことです。大事に形見としてとっておいたものでしょう。それを、母に与えるというのです。母は、感心してベストを撫でています。

私は、正子がなぜ実の母の毛糸のベストを母に与えたか、その理由が分かります。正子は、恒子さんに三歳で置いてきぼりにされ――言葉は悪いですが――、一七歳で津山を出るまで母に実の子として育てられたのです。

「私の母はあなたですよ」

と、言いたかったのでしょう。母は、そのことは分かっていると思います。

二つ目は、奈津也君という孫を連れて来たことです。彼は、津山工専の二年生で、野球部だそうです。礼儀正しい好青年です。名前を聞いたとき、私は直感的に思いました。この孫は、正子にとって母恒子の忘れ形見ではないかと。奈は、恒子さんが生前津山を出てから住んでいた奈良の奈、津はいうまでもなく津山の津です。このことを正子に聞くと、正子は「うん」と首を縦に振りました。もののあわれを感じます。

三つ目は、「妙子叔母さん――學進さんの次女――には、実は好きな人がおったのだけど、學進さんがそれを無理やり妹尾に嫁がせた」と、いうものです。これは意外でした。周りの人はみんなビックリしてしまいました。學進さんの意外な一面が、さらけ出されたわけですが、果たして學進さんは暴君だったのでしょうか。結論は留保しておきます。

四つ目は、「母は百々《どうどう》に許嫁《いいなづけ》がおった」と、いうものです。

これは、母の口から常々、

「私は百姓屋へ嫁ぐつもりじゃった」

と、聞かされていたことと符合します。

「ちょっと待ってよ。その許嫁で嫁がれていたら、俺は生まれていないよ」

と言おうかと思いましたが、それはやめました。

五つ目は、他愛もないエピソードですが、お寺の玄関脇の部屋で、正子の現在の夫の輝義さんと見合いをしたときに、私か延子のどちらかが覗きに来たということです。それは、多分私でしょう。

それに、些細なことですが、私と正子が猫の取り合いっこをしたということです。冬の寒いときに、猫は格好の湯たんぽになりました。私は、小さい頃、おじいちゃん、お婆ちゃん、正子と寝ていたような気がするのです。

そして、山門に梵鐘が戻ってきたときに、稚児行列があり、私が京子さんの手に引かれたことなどです。京子さんは、妙子叔母さんが嫁いだ西田家の前妻の子どもです。私が小学校の頃、京子さんは宝塚にいて、確か北島照子さんたちと会いに行った記憶があるのです。夜、車に乗せてもらって、前を走る車のテールランプが綺麗だったのが印象的でした。この京子さんというお方も美しい人でした。父はこの京子さんが好きだったらしいのですが、このことは口止めされています。この本の原稿から削除した方がよいのでしょうが、もう時効ということで、いいでしょう。

デイケア・サービスへ

一月二八日、月曜日。今日も雪が降ります。それにしても、母は言います。

「おじいさんの仏壇に話しかけながら暮らすのが一番ええ。いよいよダメになったら、お金があるけん、どうにでもなる」

と。

「恒子さんの形見のベストをもらってよかったな」

と言うと、

「恒子さんは優しい人で、よう話しかけてくりょうった。學進さんが怒ったんは、訴訟を起こして、貯金を全部おろして、二〇万円を私が持参したことじゃ」

と昼ごはんを食べながら、何回も同じことを言います。私は、朝天満屋によってうどんと天ぷらを買い、お寺に置いてある電熱器と土鍋で、鍋焼きうどんを作って母と食べました。というよりも食べさせました。時々、箸で挟みにくいうどんを落とすので、私がお皿へ戻してやると、

「赤ん坊みたいじゃ」

と言います。そして、

「私は、延子が威張るんが嫌なんじゃ。気にいらんと口も訊かんし。まあ、私も威張るけどなあ」

「似たもの同士だよ。二人ともいばりっこして、気に食わないと言ったら埒があかないでしょう」

と諭すと、

「まあ、それぐらいでないと、大勢の人を使うてやっていかにゃいけんのじゃけん」

と言います。

「一行さんは、一円も私に自由にさせなんだ。私とは八つも歳が違うし、私はお金のことがようわからんけん、それでよかったんじゃ」

と、父を立てます。個人的に相手に恨みつらみみたいなことは言いますが、決して、だからと言って相手を追い落とすのではなく、相手の存在を立てるのです。これが、ジェンダーたる母の思想構造の基本です。私には、まねできません。立てた振りをして、足を引っ張ったり、追い落とすのが常識の世の中ですから。人の不幸を作り出しておいて、その不幸に便乗して売名行為をする輩が多い今の世の中、母の「爪の垢でも煎じて飲ませて」やりたい気になります。ところで、この括弧の中のことわざ、お分かりですか。

その前の晩、延子が幸子に相談があるというので、聞き耳を立てて聞いていると、「お寺のお風呂は入りにくいこともあり、入浴をさぼるので体が臭くなる。すこし、おもらしをすることもあるので、介護保険に入っているので請求しよう」というものです。幸子も賛成です。母のかかりつけ医が、今度デイケアを始めたので、入浴サービスを受けようというのです。私も、これには同意しました。まあ仕方のないことです。

永遠の命

こうして、父の一周忌は無事終了しました。三回忌は死亡した年から数えるので来年、二〇一四年の一月が三回忌です。しかし、住職が今年の一一月から来年の二月まで、千葉県阿波の小湊へ修業に出るので、三回忌は遅らせて三月のお彼岸前にしようということになりました。

私は名古屋からの帰り道、電車の中で母のことを考えていました。

「いつまでも一緒にいたい。でもそれは無理。いずれ永遠の別れがくる。それは避けられない宿命。ならば、今のうちにできるだけ会っておこう。そのあとは、別れが待っている」

私は、母と永遠に一緒にいる方法を考えてみました。母は、妙勝寺の墓へ入ります。墓の中に、父が入っているからです。それは、それでよいでしょう。長年連れ添った夫婦だから。しかし、私は寺のあとをつがなかった人間だから、父母が入る墓には入りません。第一、藤枝から遠くて、残されたものの墓参りがたまりません。私が津山のお寺に永眠したら、脚の悪い幸子は来ることは無理です。埼玉にいる正道もです。遠すぎるのです。津山の瀬川家の墓はいずれ無縁仏になってしまいます。

私は、いろいろ考えた挙句に、藤枝の大慶寺に墓地を買うことにしました。代金を払い、檀家になる手続きをしました。これで、私か幸子のどちらかが先に死んだら、どちらかが気楽に墓参りに来ることができます。自宅と大慶寺は歩いて一五分位です。

私は、私と母の距離を遠ざけたお寺を、心の中で憎んでいます。理性では感謝をしていますが。一方では、寺院と仏教は非科学的なるがゆえに、私とは敵対関係にあるのも事実です。

しかし、母は、私にとって唯一絶対無二の存在です。母が死に、妙勝寺の墓に入ることは、唯一絶対無二の母が奪われることを意味します。それを阻止するためには、母を藤枝の墓に眠らせ、私も共に永遠の眠りにつくしかありません。

父の骨はなくてもよいと思います。なぜなら、津山で母と一緒に眠れるからです。母の骨の一部を藤枝に持って来よう。そして、藤枝に私と幸子と母が眠るのです。

あとは墓石をいつ作るかです。来年になるかも知れない。母が死に、あとをおって私が墓に入る。大慶寺の住職がその仲立ちをしてくれる。それがよい、という結論に達しました。

大慶寺は、日蓮聖人お手植えの松がある由緒ある寺院です。歩いても行ける至近距離にあります。私の下腹部で成長する癌細胞が、こんなことを考えさせたのでしょうか。

残像

二月九日、土曜日。大学院入試を終わり、大学を出たのが午後四時前。新幹線で津山に着いたら九時前でした。夜遅いので、この日はお寺には行かずに、ホテルへ投宿しました。

　翌朝早くお寺へ行き、私は、墓地の事を書いた紙を母に見せました。それにはこう書いてあります。

「藤枝の大慶寺に墓地を買いました。自宅から歩いて近くの所です。住職はとても良い感じの人です。大慶寺には、日蓮聖人お手植えの松があります。墓をいつ建てるかは、まだ決めていません。まだ、皆には言わないでください」

　読み終わった母は、感心していましたが、「私を殺すんか」などと、憎まれ口をききます。「私らが入るんだ」と言うと、

「おじいさんが生きとる時、わしが死んだらどうするんなら言うけん、わたしゃ、寺へ嫁いできたけん、最後までお寺のことをして、死んだら久志の所へ行く言うた。そう言う約束じゃ。河原先生にも、息子がいつでも来い言うてくれるけん、死んだら行きます、言うてある」

　私の、藤枝に墓を建てるという計画が間違っていないことに安堵しました。マコちゃん（正子）と、フィリピンへ行く話になると、

「私と正子は苦労したんじゃ」

と、言います。「戦地の一成さんから来た手紙は、全部正子の所へ届けた」とも言います。母がお寺へ嫁いだのは、昭和二二年六月で、一成さんは、二〇年二月二八日に戦死しているので、この話は、多分學進さんか誰かに聞いたのでしょう。あるいは、記憶の混乱かも知れません。

　岡山県の護国神社で、毎年二月二八日に、一成さんの供養があり、毎年葉書の案内が来ます。その葉書を私に見せて、「正子に渡そうか」と聞くので、「黙っといたほうがいいと」と答えておきま

した。この日は、昼過ぎの快速で津山を出ました。

二月一三日、水曜日。総合病院へ前立腺癌生体検査のため入院。しばらくして結果が分かります。この本は、このあたりから、私の癌の話が多くなります。ご辛抱ください。

二月一八日、月曜日。雪解け雨です。車でいったん大学に寄り、仕事を済ませてから、高速を走り、車で帰りました。津山へ着いたのは、夕方の五時。その夜は、取り留めもない話をして、ホテルに帰りました。

朝行くと、母が、玄関先のトイレを掃除しています。水で洗って、「戸を開けといたら渇くじゃろう」と言います。

延子が、母が中央に座っている、大きな額縁入りの写真を出して来ました。私が、書いている本の中に、母が一〇歳くらいの時に、お寺で報恩養老院の建設祝賀法要があり、母が座敷の中央で写真を撮ったとあるのが違うと言うのです。それはそうです。私の記憶違いでした。

皆の中央に正座し、写真に納まったのは、日蓮聖人六五〇年遠忌の法要でした。緊張した表情でかしこまっています。着ているものはもちろん着物です。日蓮聖人六五〇年遠忌は昭和六年です。これは、昭和六年、母が三歳の時の写真です。小説『青空が輝くとき』のなかでは、小学生の設定にしました。

二月一九日、火曜日。母に教えてもらった、光厳寺の田中家の墓へ行ってみました。恒子さんの父の万亀治さんは、昭和四三年に、七八歳で、母竹子さんは、昭和五四年に八一歳で亡くなっています。墓の碑文によって、この墓が、昭和五三年に、万亀治さんの息子の俊彦さんによって建之されたことが分かりました。正子は、今もお墓参りをしています。

母が言うには、万亀治さん夫婦は、戦争中には中国（満州）へ行って、戦後日本へ帰ってきたそうです。恒子さんは、一成さんと結婚する前に、両親と一緒だったのでしょうか。でも、昭和一九年一二月に、恒子さんは、一成さんと結婚して正子を産んでいます。

正子がお寺へ行くとき、万亀治さんは「お寺のおじいさん（學進）の言うことをよく聞くように」と言っていたそうです。正子によると、この俊彦さんは現在岡山にいるそうです。俊彦さんは、正子の叔父さんに当たります。正子の脳裏には万亀治さんや竹子さんの残像があるでしょうか。記憶にはなくても、私はきっと残像が脳のどこかに残っているような気がします。意識レベルの記憶には残っていなくても、無意識レベルの記憶として残像が残っていることは、小説を書く筆者にとってはよくあることです。無意識レベルの記憶を、この小説の中では残像と定義します。

延子が勧めるので、青葉という料理屋で、母と食事をしました。延子が予約してくれたのです。ミニ会席を注文しました。

「大円寺にはよう遊びに行った。一つ年上の人がおった。施設には知恵遅れの人がおった。確か、奥さんはピアノの先生じゃったなあ」

と、記憶が甦って来ます。大円寺は、母の生家である江見家のすぐ近くにある天台宗の寺院で、昭和の初期、美作仏教自修会の運動の流れを汲む取り組みとして、施療院という医療施設を開始した寺院のことです。

食後、下横野の多聞寺を訪ねました。県立津山高校の下を北上し、中国道の先にあります。以前田んぼだったところが、住宅や商業施設に変わっています。玄関先に、「用事のある人は梵鐘を鳴らすように」と書いてあるので、山門の梵鐘を鳴らすと、住職がおられて出て来ました。清田寂栄さんのことを聞くと、自分が編集したという、寺院の本を下さいました。これに清田寂栄さんのことが書かれていると言います。

住職は、清田寂栄さんの孫だそうです。貴重な資料です。清田寂榮は、美作仏教自修会の中心人物でした。当時の国際的な労働運動家・片山潜とは親戚筋に当たります。筆者は、母のかすかな記憶を手がかりにしながら、津山一円の仏教者を中心とした、仏教福祉の調査を続けていました。

この世に対する未練のかさぶた

多聞寺をあとにし、帰路に就きました。忠が極道をしていた頃、大円寺の清田寂坦住職には、よく忠を説諭してもらったそうです。母は、昔話をよくします。その夜は、簡単な食事にしました。

「泊まって行けえ」

というのですが、「お寺は便所へ行くのが怖い」と、いつもの断り方で逃げます。

「こんなに誘うちゃるのに。もう帰えりんちゃい」

と、皮肉を言います。テレビは、グアム島で、八一の母と二八の母子が、アメリカ人の若者に刺されて死亡した事件を流しています。母は、兄弟の結婚式でグアムに来ており、幼い女の子をかばって死亡しました。

「どうしてこんなに悲惨な目に合わにゃいけんの」

と、やりきれなさを露にします。本当に痛ましい事件です。

「初恵の孫が高校へ上がるけん、祝いをしに行く」

と、言います。「三月四日なら連れて行けるけど、どうか」と言うと「いつでもええ」と言います。

帰り支度を始めると、「明日も会おうで」と言います。

「久志と会うと気持ちが落ち着く」

と、言います。

「あと何年生きられるかなあ」

を繰り返します。母が私と会って落ち着くなどというのは、これが初めてです。でも、これは真意を測りかねます。文脈をたどれば、墓に入って守をしてくれるのはお前だから、心が落ち着くのでしょうか。私も実は、藤枝に墓地を求めたときに、心が落ち着いたものでした。この世に対する未練のかさぶたが、少しそぎ落とされたような気がしたからです。

美子は、お寺のお手伝いみたいなことをやっています。三月からまたハワイに行くのですが、母は「ハローが来たらどうする」と心配します。外人の男性を連れて帰ったら、という意味です。

二月二〇日、水曜日。朝早くお寺へ行き、米とうどん、蕎麦を車に積み込んで、津山をあとにしました。

父の合い着の背広をもらいました。これで、父の洋服は全部もらったことになります。「合い」

という言葉は、「合い着」とか「合い服」というように使われ、冬と夏、夏と冬の間の、春秋に着る服とされています。英語では、ｂｅｔｗｅｅｎ－ｓｅａｓｏｎ　ｗｅａｒと言うようです。秋冬兼用の合い着があると便利だとか、もう冬服をぬいで合い服にしようという風に、使われます。「合い着」は和服、洋服どちらにも使うが、「合い服」は、洋服だけに使われる、と説明されています。昔、冬と夏の合いの背広が欲しいと洋服店で言ったところ、今は合いの背広はなくて、冬物か夏者かの選択しかないそうです。理由は、オフィスで働く人が増えて、エアコンが効いている部屋ではオールシーズンの服装で間に合うこと、そして地球温暖化の影響で、季節の切れ間が不明確になったことでしょう。また、アパレルつまりメーカーにとって、短期間の合着は利益を保証してくれなくなったからでしょうか。すでに書きましたが、母は、服飾関係の教師になる夢があっただけに、着る物に関する知識は豊富です。私も、それらの言葉の影響を多分に受けています。残像は、容易には消せるものではありません。

人生を動かしているのは、意識レベル――形而下的な――の記憶ですが、無意識レベル――形而上的な――の残像が、意外にも日常生活や人生それ自体をも決定づけているような気がします。これを、社会理論に応用するとどうなるのでしょうか。社会にも無意識レベルの残像があり、未来の進路を決定付ける要因として作用する。このような仮説は可能でしょうか。

もうこの頃には、私は、検査で前立腺癌の組織が出ることを覚悟していました。すでに書きましたが、この頃から、急に日記をつける元気がなくなってきたのです。死の恐怖にさいなまれながら、日記などつける気力が湧くはずがありません。爾後、私は死の恐怖と戦うことになります。

春が来る

という小見出しだけつけておいて、私の筆は、ぴたりと止まってしまいました。でも、進行性の癌で死んでしまったわけではありません。

「『碧空日記（Ⅲ）』は、Ⅳの後でまとめることになります」

と、日記には記されていますが、この責任は本書で果たすことになりました。本書も、終盤に差し掛かってきました。第三部は、手術が終わって病院から出てきた、青空が鮮やかな真夏に始まります。

第三部　ジェンダーを生きた寺庭婦人

第七章　二重人格

第三部への緒言

日記の作者は、「エディプス・コンプレックス症」に悩む瀬川久志、主人公はその母・瀬川冨美子、設定はそのままで物語は進みます。ここに収録したのは、癌摘出手術直後に書き記した内容です。

ところで、この日記を書いている間に、日本の男性が、自分の母について、真正面から書いた本が意外にないことを知り、驚いています。井上靖の『わが母の記』（巻末参考文献）が、唯一その本というわけです。なぜ、日本の男性諸君は、自分の母を主題とした本（作品）を書かないのでしょうか。

その推定される理由には、ここでは触れないことにして、井上の作品にしても、母が他界されてから書かれている――と私には読めるのですが確証はありません――ことを考えれば、まだ存命の母について書いた本は、この本が最初ではないでしょうか。これもまた私の検索不足かもしれません。

蘊蓄が続くと読者に不快な思いをさせるので、では、今回の主題が、寺庭婦人としての人生を考えたものであることを記して、本文に入りたいと思います。

二〇一五年四月　若葉萌ゆる庭の自宅にて。

前立腺癌の全摘除手術

二〇一三年八月二日、金曜日。快晴——第三部では、その日の心理状態に大きな影響を与える天候を記すことにします。前立腺摘除による心的メカニズムの変化を、出来るだけ表現したいと考えたからです。

前立腺癌の全摘出手術から、約半月がたちました。面白いものですね、入院期間はわずか二週間ほどだったのですが、手術後、激しい痛みに耐えながら、カテーテルと点滴をぶら下げて、病院内を運動のために散歩する毎日が続いたあと、カテーテルが取れ、点滴が取れて順調に回復し、自宅に戻ったときの嬉しさは、これまでに味わったことのないものでした。入院前に植えておいたゴーヤが背高く伸びて、緑のカーテンを作っており、その中でぐっすりと眠ることができた喜びは、今も忘れることができません。

一二時半に予約してある退院後の受診を受けるために、静岡県藤枝市の自宅から、愛知県豊明市にある、藤田保健衛生大学病院へ行きました。退院後、しばらく曇り空が続いて、雨の日もあったのですが、今日は、一転、真夏の碧空《あおぞら》が戻ってきました。生きているという実感が、泉のように湧いてきます。そうです、透き通るような青空と、生命のみなぎるような鼓動は、まったく同じようなものです。

藤枝駅から東海道線に乗り、浜松で西に向けて乗り継ぎ、豊橋から名古屋鉄道で急行に乗り、「前後」という駅で降ります。ここから駅前で待っているバスに乗り一五分、平坦な土地に鉄筋の病棟が聳え立つ、藤田保健衛生大学病院の正門に着きます。同病院は愛知県では有名な病院で、大学を併設していますから、若い看護学生が大勢います。

術後の状態はどうだろうかと、道中、不安で一杯でした。もし、癌が転移していたら……という不安は、何時といえども、消えるものではありません。一〇時、早めに病院に着いて、まず採尿と採血を済ませました。結果を待って、主治医の白木医師の指導です。看護師さんによると、日本で五本の指に入る名医です。順番待ちで名前を呼ばれ、診察室の中に入り「こんにちは」と言って座ると、教授はパソコンの画面を切り換えて、説明を始めます。まず病理学的分析結果です。読者の参考に資するために、癌のことについては、多少立ち入って書いておくことにします。二人に一人が、癌にかかる時代ですから。

「これが瀬川さんの前立腺です」

教授は、淡々と説明を始めます。画面に、手術で切り取った、私の前立腺が浮かび上がります。画面では、白っぽい色をしています。切り取った癌の部位を実際に見せてもらった幸子の話でも、癌組織は白いと言います。なぜ白いのでしょうか。分かりません。私は、手術の前日——七月一〇日夕方——に言われた、白木医師の言葉を思いだしました。

「先生、大丈夫でしょうか」

という私の質問に、教授はこう答えます。

「前立腺を切り取ったからといって、絶対安全ということはないんですよ。瀬川さんの場合、血流に乗って転移している可能性が高いのです。その点は、切り取ってみても分からないし、病理学的分析をしても、よく分からないのです」

「分子レベルのことはわからない」と言う、藤枝総合病院の今西医師と同じことを言います。私は、思わず手を握りしめました。教授は、画面を見ながら説明を続けます。

グリソン・スコア三

「これが前立腺の断面図、前立腺をいくつかのパーツに切って組織を調べた結果、前にお話したように、前立腺にグリソン・スコア三の腫瘍がありました。腫瘍は、前立腺の内部にありました」

私は思わず「よかった」とつぶやきました。前立腺の外に浸み出ていたら、転移の可能性が高いからです。教授は相槌を打って、

「結果は、ファックスで藤枝の病院へ知らせて、あなたを藤枝へ返そうと思います」

と、言います。私は、この頃には、医師の表情を、注意深く観察する術を心得るようになっていました。医師の言葉の奥に潜む懸念や考えを見抜いて、危険なのかそうでないのか、安心してよいのか、そうでないのかを察知できないと、不安でしょうがないのです。私の、

「よかった」

という言葉に対して、教授は相槌を打ちました。

私が、

「定年まであと六年、これからも、大学のあるみよしへ通うので、検査を引き続きお願いします」

と言うと、

「ああそうだった。じゃあ、次回は一〇月に検査に来て下さい」

と、言います。淡白な物言いにも安心します。「藁にも縋《すが》る」というのはこういう心境でしょうか。もちろん、万策尽きてはいませんが。

「何か質問は」

と言うので、

「これから数年、定期的にスキャンして調べていただけるのでしょうか」

と、聞きました。私は、まだ術後のことはよく知らないのです。教授の答えはこうでした。

「いや、血液検査でも陰性で、尿もきれいだから、この程度の腫瘍なら、経過を見て、年に最低CTスキャン一回でいいですよ」

私は、とりあえず安堵の胸を撫で下ろしました。実際、私は、癌の再発が認められて、さらにこの病院で闘病生活を続けることを覚悟していたので、正直ほっとしました。そういうわけで、次回の受診予約を一〇月二一日にもらい、入院費用を払って病院を出ました。

真夏の青空が、眩しいほどに広がっています。『青空が輝くとき』という小説を書いておきながら、青空が、こんなにも輝いて見えたことはありませんでした。涙があふれる思いです。私は、医師と病院のスタッフに、素直に感謝しました。新幹線で、母の待つ津山へ向かいます。

グリソン・スコアについて、インターネットなどで調べたことを書いておきます。前立腺癌は、ある種、男性諸君の職業病みたいな病気ですから、よく覚えておいてください。

前立腺針生検で採取した組織を顕微鏡で検査し、癌の悪性度を判断、その際、悪性度を判断するのに用いられる評価指標が、グリソン・スコアと呼ばれます。優勢病変――もっとも多い病変――と、随伴病変――二番目に多い病変――を判定し、その数値の合計で二〜一〇の九段階に分類します。

グリソン・スコアが高いほど、当然のことながら、癌の悪性度は高くなります。グリソン・スコア六以下が、比較的進行の遅い高分化型の前立腺癌、七が中等度の悪性度の前立腺癌で、八以上が悪性度の高い低分化の前立腺癌とされます。私の癌は三で、結果的には悪性度は低かったということになります。とりあえず胸をなでおろしたというのは、そう言うことです。

これに対して、ＰＳＡ――前立腺特異抗原――という、いわゆる腫瘍マーカーですが、これが読者も検査でやっていると思いますが、前立腺癌の早期発見に不可欠な検査です。この検査値が、大学の一年半前の検査で四・〇を超えたのです。

ＰＳＡは、前立腺に特異的にみられる腫瘍マーカーで、前立腺癌が疑われるとき、まず行われるスクリーニング――ふるいわけ――検査となります。また、癌の進み具合を鋭敏に反映するので、前立腺癌の早期発見に重要な検査なのです。治療効果判定や予後予測にも用いられています。今現在は、〇・〇一のレベルへ落ちて安定しています。前立腺が、私の体にはないからです。癌の本を書いているわけではないので、話を本筋へ戻しましょう。

赤ちゃん返り

お寺では、何時ものように、母は台所の座卓に座っています。「ただいま」と挨拶をして、手術と術後の経過の説明をしました。

「私も若い頃、岡山の病院で検査をして死ぬ思いをした。誰だって、生きるか死ぬかの瀬戸際はあるもんじゃ」

と、手術の様子を大袈裟に話す私への戒めでしょうか。冷たい言い方です。

「それくらいの手術で、大騒ぎするんじゃない。これから、もっと苦しいことがある。まだ序の口だよ」

そう言いたかったのではないでしょうか。内心優しい言葉をかけてくれることを期待もし、望んでもいたのですが、拍子抜けしたのは事実です。男は、苦しいとき、誰でも母にすがり、母の優しい言葉によって、存在感を意識し、安心するものなのでしょう。私は、癌を発症して以来、ずいぶんと赤ちゃん帰りをしたものです。

タクシーで、駅前のホテル・アルファワンへ戻り、風呂へ入って寝ました。目が覚めたのが六時すぎ。こんなに熟睡できたのは、癌発覚以来、初めてのことでした。

赤ちゃん返りというのは、「育児用語辞典」によれば、「今まで出来ていたことを出来ないと主張したり、怖がったりする行為、特に卒乳、妹や弟の出現で自立の一歩を踏み出す年齢によくみられ」るのだそうです。「母に対して自身の存在をアピールするようになり」ますが、決まった原因はなく、その子を取り巻く環境や変化が関わることが多く、原因はそれぞれ、「赤ちゃん返りを頻繁にする子もいれば、全くしない子も」おり、「年齢の定義は決め難く様々」と言われます。

母の前にいると、ついつい「もう長くないかもしれない」とか、「癌が転移しているかもしれない」とか、決して嘘ではないのですが、あれやこれやと身辺整理をするだのと、同情を買うような言葉が出てしまうのです。これは、赤ちゃん返り症状だと思うのですが、どうでしょうか。六〇歳台で、赤ちゃん返りをするなどの事例はあるのでしょうか。

小さい頃、母は、このような私の弱音に対しては、同情的ではなかったように思います。「赤チンを塗っとけば直る」とか、風邪でフーフー言っていても、「寝れば直る」と、意外と突き放すことが多かったように記憶しています。そのような過去の記憶が、というか「恨み辛み」が、この年になっても「赤ちゃん返り」を発症させているのでしょうか。何ともはや、子どもの頃に抱いた「恨み辛み」は、恐ろしい「病気」を引き起こすものです。

寺庭婦人からの自立

八月三日、土曜日、快晴、猛暑。この日は、天満屋で仏壇用のお花を買い、昼前にお寺に行きました。お花の半分を仏壇に供え、半分をお墓に供えて、しばらく母と話しましたが、何と、「わたしゃお寺と離れたいんじゃ」と、言います。

「どうして」

とは聞かずに、「藤枝へ来るか」と聞くと、何と、あれほどまでに口癖になっていた「行かん」の言葉が出ないのです。そのあと、何時ものように、

「家が増えた、藤枝の話題を口にし、話をはぐらかしてしまいます。

などと、藤枝の話題を口にし、話をはぐらかしてしまいます。数年前、まだ父が存命の折、母は父親とともに藤枝に一泊し、私の息子の正道と食事をしたことがあり、そのことを思い出して、そう言っているのです。もしかしたら、藤枝へ行って余生を送りたいと、心が揺れているのかもしれません。

「お寺から離れたい」

とは、初めて聞く言葉です。しかし、寺庭婦人の意地があります。寺に嫁いできてから七〇年になんなんとする今、いまさら寺を放棄するわけにはいきません。「お寺と離れたい」と「お寺から離れたい」とでは、津山弁では若干のニュアンスの差があります。「から」は物理的で、「出る」を意味し、「と」は心理的に離れる、に近いと思います。母が言いたかったのは、夫の妻として、また寺庭婦人として生きてきた長い人生に、区切りをつけたいということではなかったでしょうか。


ここで、寺庭婦人ということを簡単に説明しておきましょう。『寺庭婦人講座』という本が宗教団体から発行されているので、詳しくはそちらに譲りますが、ウイキペディアの記述によって説明します。このように記されています。まず、寺族ですが「寺族は、日本の仏教寺院における住職の家族のこと」とされていますから、筆者の私を含めて、私の母は「寺族」の一員――だった――と

いうことになります。筆者の大学の浄土宗でも寺族という言葉を使います。寺庭婦人とはいわずに、房守と言いますが。

寺族は、家族の「家」を「寺」に置き換えた言葉です。私は、家族の構成員であると同時に、寺族の構成員でもあるわけです。寺族と家族のいずれが、その構成員を規定する要因として強いのかというと、私自身は、半々ではないかと考えますが、母はどう思っているでしょうか。実は、まだこの点については聞いたことはありません。

母は、私の家族としての母であると同時に、寺族として住職の家族の一員でもあるわけです。つまり、はっきり言って、私も母も、この規定に関する限り二重人格を持っているわけです。

「そんな理屈っぽいことを考えることないじゃないか」と言われるかもしれませんが、実はこの二重人格こそが、この本の主題なのです。その二重人格ゆえに出てくるゆがんだ人格、それをエディプス・コンプレックスと呼んでいるわけです。それでは、この二重人格をどのように整理して決着をつけるか、それは、あせらないで、もう少し時間をかけて答えを見出したいと思います。

説明を続けます。ウイキペディアには、このようにあります。

寺族は、「本来、僧侶は妻帯を禁じられており、家庭を持つことはないとされているため、妻帯を公に認められている日本に特有の存在といえる」とし、「僧侶が妻帯し家庭を持つことは、しばしば批判の的となるが、事実上、寺院の運営・継承が住職と寺族を中心に行われている一般寺院の現状では、その存在を無視することはできない。多くの宗派において寺族の組織化が行われており、寺院運営・教化活動における住職の補佐、後継者の育成などに重要な役割を置いている」と言うのです。

現に、私たちの日蓮宗でも、そのような寺庭婦人の規定があります。日蓮宗岡山県宗務所に、岡山県寺庭婦人会が置かれています。私にとって、私の母は、私を生んでくれた母であると同時に「寺院運営・教化活動における住職の補佐、後継者の育成などに重要な役割」をもった存在なのです。これは、母が一般家庭の専業主婦であったり、会社勤めをしているとか、何らかの社会参加をしている場合とは違った特殊な関係を意味しているのです。説明はさらに続きます。

寺族とは、「一般に住職の家族全般を指すが、同居し寺務に従事する者に限る場合もあり、特に住職の配偶者を限定的に指すこともある。住職の子女であっても僧籍を有する場合には、寺族に含めないことが多い。住職あるいは前住職の配偶者を指して、寺庭婦人と呼ぶ場合もある」とされています。私の母は、現在もれっきとした寺庭婦人なのです。また、次のようにも説明されています。

「家系相続を前提とする浄土真宗を除いては、住職没後の寺族の立場は弱く――傍点は筆者――、十分な保障を得られないまま、寺院からの退去を求められる事も珍しくない」と言うのです。繰り返しますが、「寺院からの退去を求められる事も珍しくない」のです。本書の初めの方で、私が、母のいるお寺に泊まらないことを、たびたび強調した理由がこれでおわかりかと思います。私の母の「家系相続」は、父が残してくれた年金だけです。私が最近知った事例では、家系相続した浄土真宗のある寺院で、後継住職がその家系相続した寺族と、寺院の経営を巡って利害対立していました。

母は、「お寺と離れたい」と言って、精神的な自立を求めようとしているのかもしれません。父の死後一年と半年がたちました。母の意識構造も変化しつつあるのです。私は、物心ついた頃から、一般家庭のように、かなわぬ夢と知りつつ、母は純粋な母であって欲しいと願い続けてきました。母も、私のこのような気持ちを分ってくれているような気がします。そして、純粋な母になってくれる日が近づいていることも。でも、それは「あとがき」で述べることにします。それまで、もう少しだけ母の人となりの説明にお付き合いください。

足の爪

小田中のうどん屋千両へ食事に行きました。母は冷やしうどん、私は他人丼を食べました。この時に気づいたのが、母の足の爪が随分伸びていることです。理由を聞くと、

「前屈みになるのが苦しゅうて切れん」

のだそうです。帰宅してから母は昼寝、私もホテルへ帰って昼寝、まだ、術後の体調は万全ではありません。

夕方、例によって天満屋で晩御飯を買ってお寺へ行きました。母とは大した話はせずに、納涼ごんご祭りへ延子と出かけました。今井橋から川下の今津屋橋、さらに作陽高校辺りまでの河原に、びっしりと屋台が並んでいます。有名な作州ホルモンうどんの屋台も見えます。陽平が青年会議所で出ているということなので探しましたが、見つからなかったので、延子とは別れました。

八月四日、日曜日、晴れ。母の足の爪が気になって、切ってやろうと、コンビニで爪切りを買い、何時ものように、天満屋でご飯を買ってお寺へ行き、早めのお昼を食べたのですが、うっかり爪を切ってやるのを忘れてしまいました。こうして、一二時二八分の列車で津山を出たのですが、

悔やまれます。次に行ったときは、必ず切ってやろうと自分に言い聞かせて、岡山をあとにしました。大粒の雨が降ったり、日が射したり不安定な夏空です。

ルソン島で戦死した叔父

八月一九日、月曜日、快晴。一〇時一二分発、掛川から名古屋行き新幹線に乗ります。抜けるような青空に、発達した積乱雲が立ち上っています。まさに碧空の天。

術後二九日、体力は日一日快復し、一か月を過ぎたあたりで、尿漏れも完全になくなってしまいました。胃の上部の穴がまだ完全には癒えていませんが、傷の痛みはほとんどなくなっています。私は、ダビンチという最先端医療ロボットで手術を受けたのです。今も腹部に六か所の小さな傷跡が残っています。碧空の輝きは命の輝きです。

岡山で山陽本線に乗り換え、倉敷へ着くと駅員に臨海鉄道を尋ねます。臨海鉄道というのは、臨海部の工業地帯へ、貨物輸送を行うために建設された鉄道で、現在、日本全国で一〇の臨海鉄道が運行しています。水島臨海鉄道はその中のひとつです。私は、小学校の五年生のときに、学校の先生に連れられて、造成途上の水島臨海工業地帯の見学に来ていますが、広大な埋立地を見た記憶がありります。先生が、

「これから日本は、この臨海工業地帯を中心に発展して、世界の仲間入りするんだ」

とおっしゃったのを、今でも覚えています。そのときに、この臨海鉄道に乗ったかどうかは記憶がありません。国策として展開した、この臨海工業地帯の重化学工業は、リーディング・インダスト

リーの地位を途上国へ譲り、もはや過去のものとなってしまいました。

有名な倉敷美観地区へいく方向ではなく、右方向に臨海鉄道の乗り場があるのが分かりました。駅前に食堂を見つけて入りました。新幹線の中で、持参のお結びを食べたのですが、食べたような気がしなくて、猛暑のなか食欲旺盛です。体の快復を実感します。

午後二時ちょうど、一両編成の電車が動き始めました。マコちゃんの家は、水島臨海工業地帯の近くにあります。二時二四分に水島駅に着くと、マコちゃんが迎えに来ていました。自宅で、来春に予定しているフィリピン旅行の説明をして、一成さんの話をすると、こういうことがわかりました。

「一成さんの最期《さいご》を知っている歩兵第十連隊の戦友で国安という人が来たのは、もうかれこれ三〇年も前のことで、次男が中学校二年の時だった。岡山の円山公園の近くに住んでいると言っていた。その頃は、私たちはまだ団地に住んでいた。国安さんの知人が、長い間、戦闘のことは秘密なので黙っていたが、意を決して厚生省で調べて訪ねてきた」

のだそうです。国安さんは、

「戦争は終わりだ。おまえらは山を降りろと曹長から言われて下山し、上を見たら煙が上がっていた」

と、語ったというのです。

「ほかに何か覚えていることはないか」

と聞くと、

「食べられるものはなんでも食べた、鉄砲の弾に当たって死ぬより、餓死する方が多かった」

と、聞いたといいます。後で聞いた話ですが、しごきも陰湿なものがあって、木にしがみついて、蝉の鳴くまねをさせられたこともあったようです。

昭和一九年一二月一五日づけの、マコちゃんの母である故瀬川恒子宛の葉書を見せてくれました。台湾の基隆市から小林万亀治方の恒子さんに宛てた葉書です。几帳面な字で書かれています。「福田様方　瀬川一成」となっていますから、台湾在住の日本人宅にいたということでしょうか。では、軍隊にいたのではなかったのでしょうか。

このあと一成さんの足跡は、彼が歩兵第十連隊第二大隊に所属していた――と筆者は推測しています――ことから、輸送船乾瑞丸《かんずいまる》でフィリピンへ向かったと思われます。一成さんは、三池炭鉱の要員として、台湾へ派遣されたのではないでしょうか。謎は深まるばかりです。

歩兵曹長という肩書きは、何を意味するのでしょうか。帝国陸軍階級表――兵科・昭和六年十一月十日改正時――によれば、歩兵曹長は歩兵少尉の下に位置する、「歩兵特務曹長」の下の階級です。その下に軍曹、伍長、上等兵、一等兵、二等兵という階級を従えていたので、部下は数一〇人はいたのではないかと思われます。ちなみに兄の一行の階級は少尉でした。もしかしたら、一成さんは、何かの特命を受けた「歩兵特務曹長」だったのではないでしょうか。では、どんな特命を受けていたのでしょうか。

西村正子宅を出て、津山には六時に着きました。母は、何時ものように、台所のちゃぶ台のところに座っています。最近、藤枝のことを話題にすることが多くなり、「藤枝へ行って暮らそう」と言うと、以前ほど拒否はしないのです。

「家のなかはどうなっとるんなら」

と聞くので、
「広くはないけど台所と、となりに八畳の洋間が、そのとなりに六畳の和室、これには縁側がついていて、廊下を隔てて広いトイレと桧風呂がある」
といった具合に、説明してやります。郵便局と信用金庫の預金管理のことで、「これだけありぁ充分だろうか、病気をしたら大変じゃけん」などと心配します。

津山の福祉のこと

八月二〇日、火曜日、猛暑。一〇時半に美作大学の後藤光雄氏を訪ねて、研究室で、津山市の福祉の話を聞きました。母の生まれ育った環境を理解するために必要なので記します。彼はこんなことを話してくれました。

「私は、日本福祉大学を出てから、社会福祉協議会一筋でやってきました。津山は『駆け落ちするなら津山へ』と言われるように、人情が厚い反面、『さえばらない（きにしない）』ともいわれ、城中心の封建的な風土があったのかも知れない。

古くから二葉園、青葉園、みのり学園の三つの児童福祉施設が民間の施設として形成された。これには清田寂担の影響が大きかった。昭和四〇年代から、社会福祉法人の保育園が、ポストの数に追いつくといわれたように設立されてきた。市立の保育園は、一つだけだった。これは津山方式と呼ばれ、施設代を日本船舶振興会——公営ギャンブル——からの補助金でまかない、借り入れに対して、市が債務負担行為を行うという方式だった。これが有名になり、行政視察が絶えなかった。

これが、第二次ベビーブームによる、保育所のニーズの増大に乗ったわけで、例えば、院庄の工業団地に勤める女性が増えた。また、知的障害者の津山みのり学園、津山ひかり学園をみると、前者の津山みのり学園は、今の文化センターのところにあったのだが、学校の先生を退職した牧野先生が、私財をなげうって、コロニーという考えからなる福祉を、スタートさせた。

これは、腰畑という所にりんご園――津山みのり学園越畑分場――を、また田や畑を作り、子供のころから自給自足で生活し死ぬという考え方で運営され、その後、息子さんに引き継がれたが、部分的にはいまも継承されている。

津山ひかり学園は、市民運動つまり社会福祉協議会立で建設された。この財源は、『桐の木運動』で捻出された。これは、台湾桐を各家庭に植えてもらって、販売収入で資金を捻出するというものだった。これらの運動の背景には、先に述べた清田寂担――初代の社会福祉協議会の会長・昭和四二年七月没――の思想と行動があり、それは、一言で言うと行政に依存しないという考え方であった。

また、国際労働運動家の片山潜や荊田アサノ日本共産党議員、朝日訴訟で有名な朝日茂らの進歩派が、思想的に影響を与えているというのも、津山の社会福祉の特徴だと言える。七〇代から八〇代の後半の社会福祉関係者で存命の方が何人かおり、聞き取り調査をやりたいと考えている。

最後に、社会福祉の世界にも新自由主義（ネオリベラリズム）の考えが浸透しているが――筆者――、社会福祉は行政の法治的推進なので、個人的見解や裁量の入る余地がないということが課題」

おおむね、こういうことを教えてくれました。話に出た苅田アサノは、本名は堀江アサノといい、一九〇五年六月二一日生まれ、一九七三年八月五日没、日本の政治家、婦人運動家、著述家です。日本共産党公認の元衆議院議員で、岡山県津山町――現津山市――生まれ。生家は代々地主の家系で、学生時代から、ロシア文学及び社会主義思想に傾倒し、日本女子大学国文科を卒業後、日本共産党に入党したとされています。

一九三三年に、治安維持法違反の疑いで検挙され、転向の後一九三五年に出獄、東洋経済新報社などを経て、一九三八年には、郷里の岡山県に戻り、西日本製紙に勤務します。戦後は日本共産党に再入党し、一九四九年の衆院選に、旧岡山一区から出馬し初当選を果たすも、再選を期した一九五二年の衆院選に落選したとされています。

戦前から晩年まで、一貫して婦人解放運動に身を投じ、新日本婦人の会や日本婦人団体連合会、国際民主婦人連盟など婦人団体にも参加。一九七三年八月五日、脳腫瘍のため、東京都渋谷区の代々木病院にて八四歳で死去。「津山市の苅田酒造の娘さんで、白バラの君と呼ばれるほどのオーラがあった」とされています。『苅田アサノ　人と思い出』という本が、一九七六年八月五日に苅田アサノ　人と思い出刊行委員会によって発行されています。しかし、この本は入手できません。

このような逸材が出るのが、美作地方の土地柄です。あの有名な法然上人、宮本武蔵も美作の出身です。労働運動では、合化労連の委員長をやった太田薫もそうです。彼は私の高校の先輩です。新しいところでは、B'z のボーカルをやっている稲葉浩志君がそうです。彼は私の後輩です。

夜は、後藤光雄氏を交えて、セントラルホテル近くの海陽亭で、海鮮料理を賞味しました。話は、延子と後藤さん中心に進みます。

話は、何時ものように狭い地域のこと。改めて「駆け落ちするなら津山へ行け」を痛感します。それほど、人情味に厚いという解釈のようです。反面、津山は「閉鎖的でよそ者に冷たい」とも言われます。いずれも、外部からの評価です。相反する見方が混在しているわけです。地域を論ずるとき、この閉鎖性というキーワードは重要です。どういう意味で閉鎖的なのか、その閉鎖性がどこから来ているのか、またそれが地域の文化や社会、果ては人々の心理構造にどのような影響を与えているのか、非常に興味のある課題ではあるのですが、残念ながらここではこれ以上立ち入ることは出来ません。

海陽亭を出てお寺へ行くと、母は入浴中でした。少し話し込んで、その日は終わりました。

駆け落ちするなら津山へ

後日、兵庫県の龍野歴史文化資料館の市村さんから聞いた話では、「駆け落ちするなら津山へ」のモチーフになっていて、旧出雲街道を「駆け落ち街道」というのは誤解で、土地の女性が、江戸時代に因幡のお殿様に恋をして、反対を押し切って会いに行ったという話が誇張されたようだというのです。

因幡街道、別名「駆け落ち街道」と刻まれた石碑が鎮座しているようなのですが、これも、地元龍野の俳句の愛好家が、上記の話をモチーフにして建てたというのです。後日見学に行くことにしました。

結局、「駆け落ちするなら津山へ」という標語は創作であって、人情味がある地域を売り出すための宣伝文句ということになります。誰が作った標語かは分かりませんが、ここに地域の性格がよく表現されています。私は個人的には、同標語が人情味を表していることには、異議を唱えるものではありませんが、閉鎖性と表裏一体の関係にあると思います。よそから同地域へ移り住んだ人にこの話をすると、必ずそうだといいます。

八月二一日、水曜日、快晴。お昼は外で食事をしようということになっていたので、何時ものように、千両で食事をしました。今日も、とても暑いです。

ホテルのパソコンで、「駆け落ちするなら津山へ行け」を調べると、やはりありました。お隣の兵庫県たつの市神岡町、京都、大阪方面から美作へ向かう街道筋は揖保川の渡し舟場で、その昔、駆け落ち者が揖保川の増水で足止めをくい、連れ戻されたようです。しかし、運よく津山へ逃れた人は、津山の人たちが追っ手を敵視し、上手くかくまったというのです。

何だか良くできた話ですが、土地の人たちは、今でもこの道を駆け落ち街道と言う、と地誌にはあります。ネット検索では、四国の方にも駆け落ち街道があるようで、当時、駆け落ち街道は、もっとほかにもあったのではないでしょうか。

建設省近畿地方建設局姫路工事事務所の『揖保川の流れ』からの引用（二一六ページ）です。この資料はアマゾンにも出品されていますが、ひどく高額です。一般社団法人近畿建設協会がＰＤＦで公開しているので、こちらを利用するのがよいでしょう。

駆け落ちの語源は、『語源由来辞典』によれば、「結婚を許されない相愛の男女が、示し合わせてよその土地に逃げること」とされていますが、戦国時代から江戸時代までの、もっと古い時代には、戦乱、重税、貧困、悪事などからよその土地へ逃げることをいい、欠落――欠け落ち――と書いたそうです。

それがよその土地に駆け込むという意味から「駆け落ち」と表記されるようになり、男女が密かに他の土地へ移り住むことを言うようになったとされています。

イギリスのグレトナ・グリーンは、有名な駆け落ち結婚の場所だそうです。スコットランドに、駆け落ち専門の挙式を行う場所があり、どうも洋の東西を問わず駆け落ちは、人生の記念碑のようなものなのでしょう。

してみれば、駆け落ちは、別天地を求めての果敢な移住であり、論理の飛躍になるでしょうが、現代の「愛（I）ターン」とでもいうような意味でしょう。しかし、この推論は、ふるさとの過剰な美化になるので、異端の説とします。

ただ、そのような土地柄に育まれた慈善社会福祉の理念には、特別な意味合いが与えられてもいいような気がします。母は、そのような風土の中に生まれ育ち、寺院に嫁ぎ、働き生活し現在に至っています。土地を離れて、異国の地で生活している私には、到底推し量ることができない「情念」なのです。母を通して地域の閉鎖性をかみ締めています。

私は、母との関係では、土地を離れたことを、それがやむをえなかったとはいえ、非常に悔いています。それは、いたし方のなかったことなのです。この溝を必死で埋めようとするのですが、その溝は、残念ながら、決して埋めることのできない溝です。

法然上人所縁の誕生寺

八月二二日、木曜日、快晴。今日も、うだるような暑さです。高校野球夏の甲子園も、はや決勝戦。朝早くお寺へ行き、今度来る日を伝えて帰ることにしました。「駆け落ちするなら津山へ行け」の発祥の地が、隣の兵庫県のたつの市の揖保川の渡舟場だと教えてやると、盛んに感心していました。

九月六日、金曜日、曇り。台風が、台湾の南を北東に、日本列島の方向に進んでいましたが、温帯低気圧に変わり、東海地方はぐずついた天気です。今年は、不思議なことに、まだ日本列島への台風の上陸はありません。その代わり、竜巻や集中豪雨による被害が甚大です。地球温暖化による異常気象は、年々激しさを増しています。

早いもので、もう暦は九月になりました。八月三一日、九月一日と、東京の白百合女子大で文学環境学会があり、これに出席し、二日、三日と福島県飯舘村、南相馬市での被災地視察を終えて、津山へ向かいます。手術の傷跡もすっかり癒え、一〇〇パーセントではないものの、体力の回復は順調です。今回は、袖山榮眞学長と田中祥祐学監、それに同僚の三宅教授を連れて誕生寺、菩提寺視察です。私に同行するかたちの四人旅となりました。

まず、法然上人所縁の誕生寺を案内し、ＪＲ美作坪井駅の西にある挙母藩——現豊田市——の陣屋跡、陣屋関係者の菩提寺の寺院の墓と位牌の供養に連れて行きました。田中学監は、豊田市の歴史審議会の委員を務めているので、感激ひとしおといったところでした。

その晩は、私がいつも投宿するセントラルホテル・タウンハウス一階の居酒屋で会食、翌日は、法然上人が若かりし――九歳とか七歳とかの説あり――勢至丸という名の頃、敵対する豪族から逃れるために、母が匿《かくま》ったとされる菩提寺へ案内しました。奈義という所にあります。
津山へ戻り、旧出雲街道の城東街並み保存地区を案内し、食事をしてから、後醍醐天皇所縁の作《さく》楽《ら》神社を案内しました。三人を岡山まで送り届けてから妙勝寺へ戻りました。途中、三人を母に引き合わせたので、母はいたってご機嫌です。学長と学監は本堂に上がり御供養をしてくれました。

「あんたも、偉い人と知り合いになれた」

とか、

「学長さんは色の白い男前じゃ」

などと饒舌《じょうぜつ》です。今は、街並み保存地区に指定されて整備がなされている「通り」――出雲街道――の一角に、作州鎌の販売所があり、学監が三五〇〇円で求めたことを教えると、

「そういや――そう言えば――、先だってテレビでしょうったで」

と、言います。

「私は知らなかった」

と返すと、

「狭い津山じゃけど、知らんことはよおけ――たくさん――あるな」

と、目を細めます。「色の白い男前」のことを学監に話すと、学長のあだ名が「お白ちゃん」ということになったようです。学監は大学の要職にありながら、ざっくばらんで、面白い人です。学長

は英米文学専攻の重鎮で、飄々とした中国の詩人を思わせるキャラクターを持っています。『青空が輝くとき』には、丁寧な書評を寄せていただきました。

帰巣本能

九月二七日、金曜日、晴れ。授業が終わってから、素晴らしい秋晴れの中、新幹線で津山へ向かいます。授業が始まって、ちょうど一週間がたち、授業の勘はやっと戻ってきたのですが、入院で七月の第一週に授業を畳んでいるので、パソコンやネットワークの使い方を含めて、授業の進行の勘が一〇〇パーセント戻るには、いつもの年よりも時間がかかりました。いまや、大学の授業は、パソコンとそのシステム一式が使えないと成り立たないのです。

秋学期の金曜日は、午前中で授業が終わるので、岡山へ出て津山線に乗るころは、まだ日が高く、沿線の山の上には、すばらしい秋空が広がっています。田んぼは、すでに刈り取りを終わり、これから刈り取りを待つ黄金色の田んぼが、交互に車窓に流れます。秋です。本当に、生きている喜びを感じます。こうして母のもとへ帰るわけですが、別に何の用事があるわけではありません。月に、原則、第一金曜日と第三金曜日に帰ると言ってあるので、別段、帰る予告をしないで帰ります。延子も分かっているのでしょうか、「いつ帰るの」のメールも来ません。快速に乗ったので、津山駅から、タクシーでお寺へ直行しました。母は、何時ものように、台所の座卓のそばに座って、テレビを見ています。

この頃になると、私のほうでも、別に用事があって帰るわけではなく、月に二度、母のもとへ帰る習慣になってきたので、小さかった頃を思い出し、その記憶とが重なって、奇妙な感覚にとらわれます。

小さい頃、学校から帰ると、まずランドセルを放り投げ、友だちのところへ遊びに行き、夕方のご飯時になり――正確にはおなかが減ったら――母の顔が目に浮かび、体は、自動的に家へと向かうのでした。今、それと同じ感覚になっています。帰巣本能とでもいうのでしょうか。

道草を食うと怒られるので、まっすぐに家へ帰ります。母のもとを離れてからは、道草ばかり――正確には飲み屋へ入り浸り――でしたが、今、こうして母のもとへまっすぐ帰る心境は、自分でも滑稽《こっけい》に思えるのです。

お寺で食べる夕食を、少し多めに買い、母の前で開いて、一緒に箸でつつきました。話の内容はいつもと同じ、昔話、家族のこと、父のことです。母は、体にとくにこれといって悪いところがなく、歩行が困難なところを除けば、いたって健康で、会えば同じことの繰り返しです。そろそろ、この本も終わりにしなければなりませんが、あとしばらくご辛抱ください。

子どもの頃は、食事が終わったら風呂へ入り、勉強をして寝るのですが、今は予約してあるホテルへ帰るのです。ここが、昔と違っているところです。相変わらず「泊まっていけえ」と言うのですが、この誘いを振り切って、ホテルへ向かいます。夜は、だいぶ涼しくなってきました。

ひ孫の運動会

九月二八日、土曜日、晴れ。次の日も、真っ青な秋空が広がりました。朝早くには曇っていた空も、西小学校の運動会が始まる頃には、透き通るような碧空が現れました。母は、ひ孫の運動会を見に行くのだと、張り切っています。午前一〇時頃に、母と、小学校のグランドまで一緒に行きました。母は愛用の乳母車を押しながらゆっくり、ゆっくりと歩きます。私はそのようなゆっくりとした歩行にはなれていないので、戸惑いを覚えるのですが、幼い頃の私と母が、今はちょうど入れ替わったようで、妙な感覚に囚われながら小学校を目指します。

本部の隣に敬老席があり、テントの下に椅子を用意してあったので、そこに陣取って、ひ孫の出番を待つのです。まず、四年生の響《ひびき》が棒取り合戦、ついで奏《かなで》が玉ころがしと、連続して出場、母は目を細めます。母、父親も保護者席――町内会ごとの席――へ来ています。

私と妹の延子のはじめての運動会は、今から六〇年前でした。昭和三一年の一〇月、幼い私と延子は、同じグランドで、運動会の競技や演技に参加したはずです。はずです、というのは記憶にないからで、小学校三年の運動会から記憶に残っています。

ハナ婆さんが大きな卵焼きを作ってくれて、重箱にお結びと漬物が入ったお昼ご飯を一緒に食べたのを、つい昨日のように思い出します。母は、お寺があるので、運動会には来なかったように思います。

お寺というところは、昼となく夜となく来客が絶えない――私が子どもの頃はそうでしたが、今は来客も少なくなりました。それだけ、寺院と檀家の関係が希薄になってきたという時代の流れでしょうか――そういうところなのです。ですから、寺院の主婦は、いつもお寺をあけることができなかったのでした。そのことは、子どものころの私にとって、幸せなことでもあり、ある意味、鬱陶《うっとう》しいことでもありました。

でも、それを根に持っているわけではありません。こうして、二人で椅子に腰掛けて、子どもたちの競技や遊技を見ていると、なんだか、六〇年以上も前に帰ったみたいで、不思議な気持ちになります。

午前の部が終わったところで、アルネ（天満屋）で買ってきた弁当を開き、一緒につつきました。私はつくづく思いました。こんな幸せな日が、いつまで続くのだろうかと。これといって、どこも悪いところのない健康な母と、永遠にこうして一緒にいられたらという感情が、元気に走る子どもたちを見ている私の脳裏にほとばしります。でも、それは不可能なことです。

神様は、なんて悲しい生き物を創造したことでしょう。なぜ、永遠に行き続ける生命を作らなかったのでしょうか。命に限りがあるから命を大事にする、同じ限りある生命をいたわりあって暮らす、そして力の限り人を愛するのも生命が有限だから、という答えは月並みでしょうか。

ここで忘れないうちに、母の句を一つ紹介しましょう。デイ・ケア・サービスで通っている施設での句会の作品です。五、七、五です。

西のかた　青い空には　お月様

私はこの句が好きです。俳句なのか川柳なのかは分かりませんが、母の俳句のセンスの良さをうかがわせます。自分の母を褒めるのは、贔屓目なのでしょうが、もしかしたら、私が作詞作曲をやるのも、母譲りなのかもしれません。まあ、センスがよいかどうかは別にして。週末ミュージシャンよろしく、自分でボーカルを吹き込んでｙｏｕｔｕｂｅなどにアップしています。これは終末まで続けようと思っています。最後の方に、自作の詩が出てくるので、お楽しみにしてください。

午後の部にも、ひ孫には出番がありました。そうです、定番の玉入れ競争です。これには、保護者も参加しました。一番下の律は、まだ保育園児なので、おじいちゃんとお遊びです。一通り見たところで、小学校を後にし、お寺へ帰りました。

母は「初恵のところへ行こう」と言います。初恵というのは、この日記でもたびたび登場していますが、母の一〇歳下の妹です。

「やれやれ疲れた。昼寝をせんといけん（昼寝をしないといけない）。あんたはどうするん」

と聞くので、

「ホテルへ行って、シャワーを浴びてくる」

と言って、いったん別れ、ホテルへ帰りました。実際、グランドの砂埃で、髪の毛や手足がかさついていたので、早速シャワーを浴びて横になりました。母にも、ひと寝入りしてもらわねばなりません。

こうして、母の要望で、翌日、延子の車で初恵さんの住んでいる所へ向かいました。初恵さんは、美咲町の塚角《つかつの》というところに住んでいます。津山市の市街地から、南の方角へ向かうのですが、やや東向きに流れる吉井川の右岸に沿って走ります。

吉井川は、市街地を西から東へ抜けると、右方向へ大きく蛇行しながら南下して行きます。私は、もう、久しく初恵さん宅を訪れていないので、案の定、通り過ぎてしまい引き返しました。途中、塚角上というバス停の標識があったので、その下手あたりで集落へ入り、そこで誰かに聞けばいいと思って、車のハンドルを切ると、そこに、近所の人と立ち話をしている初恵さんが見えました。出迎えに来ていてくれたのでした。

ナビつきの車ならば、電話番号を入力すれば家の前まで案内をしてくれるのですが、また初恵さんはナビなど知らないので、こうして迎えに出てくれるのです。現代は便利な世の中ですが、その便利さと引き換えに、何か大事なものを失っているような気がしてなりません。その際たるものが、スマホでしょう。

初恵さんの家は、小高い丘の中腹あたりにあります。

母は、

「家へ上がると長うなるけん（長くなるので）、玄関に座ろう」

と、言います。初恵さんはよくしゃべる人で、娘や息子そのほか近所のことなど、最近の出来事を話し合います。山の端に太陽が隠れ、黄昏時を迎えると、初恵さん宅を出て、教えられた亀の甲へ通じる道路を走って家路に就きました。

母の爪

一〇月一一日、金曜日、晴れ。あれほど、死をまじめに覚悟した前立腺全摘徐手術の精神的後遺症もほとんど消え、秋空の下、生きている実感をかみ締めながら、仕事と日常生活を送れるようになりました。時折、頭をもたげて来る癌再発への不安感も、生きているうちに出来るだけよいことをしようという心構えになり、それを実行しているうちに、その不安が徐々にかき消されるようになりました。

それと、不必要なものは順番に整理していくという身辺整理です。使わなくなった本や道具は、せっせと処分しました。あらゆる虚飾を捨て、生きていくために必要なものだけを残し、生きていくことだけに専念する、地位や名誉、虚栄、組織の中での自分の立ち位置などというものは、生きていくためには何の役にも立ちません。これは死に直面しないと分かりません。あらゆる虚飾を捨てる――新幹線の車窓の景色を眺めながら、そう心に言い聞かせて、津山へと向かいます。その言葉は、母の言葉となって響きます。窓の外には、刈り入れを待つ稲田が、黄色い穂を太陽に照らされ、風になびいています。

前回、母のもとを訪れた時に気づいたのですが、足の爪が伸びていて、引っ掛けたら危ないと思って聞いたら、

「お腹の肉が邪魔して、よう摘めん」

と、言うのです。津山では爪を「切る」ではなく「摘む」と言います。

「法子に摘んでもらうけん」

とは言うのですが、それにしても伸びすぎです。一センチは伸びています。とくに、小指とくすり指が丸まって、しかも爪の厚さが二ミリはあるでしょうか。いかにも切りにくそうです。そこで、前回来たときに、新しい爪切りを渡しておいたのですが、まだ切っていないのです。爪全体が湾曲しているので、爪切りが切りたい部分を挟めないのです。そこで、大き目の爪切りを買ってきたのです。

「切ってやろうか」というと、足を出すので、小指から試してみると、何とか爪を挟むことが出来ます。まだ、靴下をはく季節ではありません。三、四回に分けて、何とか切ることが出来ました。次のくすり指も、同じ要領で切りました。ところが、中指になると爪が少し大きい分、爪切りの上下の歯の間に爪が入りません。これでは、切ることが出来ません。手の人差し指に当たる指も同じで、親指は全く歯が立ちません。

「法子に摘んでもらうけん、もうええ」

と言うので、結局諦めました。巻き爪の切り方を調べてから、もう一度切ってやることにしました。宿題にしたのでした。

私は、この時、妙な気持ちになりました。男性看護師が、年寄りの爪を切るといいますから、何も不自然なことではないでしょうが、幼い頃に、母に足の爪を切ってもらったことを思い出します。その頃の爪切りはハサミでした。紙を切るハサミで代用していたのでした。その頃は、母はまだ二〇代の半ばです。もうその年で、二人のわが子ともう一人の子ども――夫の父の兄の忘れ形見の正子、そうマコちゃん――を育てていたのですね。私の大学の女子学生に相当する年齢です。また、あの中学校の校長のことを思い出しました。本当に情けない世の中になったものです。

こうして、昔のことを思い出しながら本にまとめていると、淡く切なく甘美な世界へ、私の魂は迷い込んで行くのです。自己陶酔というか、日常の細々とした塵のような靄《もや》が晴れ、その向こうに薄い青空が見えるのです。太陽光線の波長の短い部分が、大気の水蒸気や塵に拡散されるので青く見えるのですが、術後の私の眼には以前に見た青空とは違う、もっともっと澄み切って鮮やかな青に見えるのです。物理学的な色彩ではなく、心理的な色彩です。私は、この心理的な色彩と音楽とを統合し、新しい美の表現が出来たらと思っています。

記憶の空白域

一二月二八日、土曜日、晴れ。私たちの津山の大家族は、暮れに、恒例になった日蓮宗本山の身延山参りを、今回もすることになりました。母は新幹線で静岡まで来て、そこから、住職の康学が運転するレンタカーに乗って、一二月二八日、川口湖畔のホテルへやってきました。私は、藤枝から新東名経由で、一足先にホテル美富士園へ着きました。

母は車椅子です。一行は、あと延子と長女の法子、亭主と次女の美子、ひ孫三人です。総勢八人の一行です。くつろいだところで、まだ日が高いので、私と母を残して、若い人たちは、外へ出かけて行きました。延子も若い人たちに含まれています。

部屋のガラス窓の向こうには、河口湖の穏やかな湖面と、雄大な富士山があります。私たちを二人にしてくれた心遣いに感謝しながら、富士の山の雄姿を眺めます。富士山を、ちょうど東の方角から眺める位置に、ホテルはあります。

河口湖は、迫り来る夕闇に、日本アルプスの峰々を渡ってくる寒気の残り香のような薄紅に染まり、周囲の建物や葉のない木々、湖面すらもそれに溶け込もうとしています。黒い世界への収斂とは対照的に、建物や道路の明かりが、闇の中から点々と浮かび上がり始めます。太陽は西の山々の陰に隠れ、富士山が陰となって眠りにつき始めます。かがり火に照らされ、和服に身を包んだ女性が奏でる琴の音が、漆黒の闇を伝って聞こえてくるようです。私たちは、窓際の椅子に座り、しばしこの幽玄な世界へと身を任せます。母の目には、この光景がどのように映っているのでしょうか。

母は、

「富士山はええなあ。テレビで見るよりもええ」

そう言って、お茶をすすりながら、この安住の空間に、言葉少なに酔っているかのようです。対岸には、数年前に父と行ったホテルがあり、淡い光を湖面に落としています。ゆらゆらと揺れる光は、父の生命の残像です。私は、迷いましたが、父と行ったホテルのことを、教えてやりました。

母は、寺庭婦人として留守になった寺を護りました。いや、護り抜く覚悟です。私にとって、こうして宿の一室で母と話をし、景色を楽しむことなど、これまで一度もなかったのです。やがて漆黒の闇の中で光るものは湖岸のいくつかのイルミネーションだけとなりました。天空には月が昇り湖面に影を落とします。人生黄昏、でも、

「西のかた　青い空には　お月様」

母は対岸のホテルのことについては、一言も口にしません。自分だけを津山に残して、みんなで楽しんだことへの無言の抵抗かも知れません。はたまた、寺庭婦人として寺を護り抜いた自負心の現われかもしれません。

「向こう岸のあのホテルが、父と行ったホテルだよ」

母は返事をしません。聞こえていないはずはありません。私の低い声は聞き取りにくいようなので、大きな声を出すようにしているのです。そういえば、最近、父のことは口に出さないし、話題

にしても、乗ってきません。父が、この世から姿を消して、もう、かれこれ二年になります。来年の一月二七日は三回忌です。

母の直近のこの大きな不幸は、母の脳裏の中で、記憶の空白地帯と化しているのではないでしょうか。私は早速話題を切り替えて、

「明日は、朝焼けの富士山が見られるよ」

そう言いました。母は大きくうなずいて、

「明日が楽しみじゃな。明日がはようこんかな」

そう言って、またお茶をすすりました。女性は誰でもそうですが、リアリストです。男は、また誰でもそうですが、ロマンチストです。この壁は終生消えるものではありません。

最終章　梅の香に

桜花のとき

二〇一五年、一月二六日、日曜日、晴れ。こうして、父の三回忌が巡ってきました。本堂と墓での読経と会食で、形ばかりの三回忌も終わりました。もう、このころから、母の口からは、父の事はすっかり聞かれなくなりました。よいことなのか、よくないことなのか、私には分かりませんが、それよりも、初恵さんの自宅の近くに桜の名所があって、しきりにそこへ行きたがるのです。

三回忌が終わってから、何度か藤枝の自宅に電話がかかってきて、花見のことを口にするのです。というのも、三回忌の会食の席上、母の甥に当たる喜一君に花見を誘ったら、「どうせ暇だから行く」というので、その花見を計画したのでした。彼も若いのに足が悪くて、アルバイト程度の仕事しかしていません。母の生家、江見家のしっかりした跡継ぎです。江見家が健在であること、喜一君のことになると母は目を細めます。

三月の下旬から、いよいよ春爛漫となって、学校の行事も着々と進み、新学期の授業が始まりました。桜前線は、ちょうど津山まで北上してきました。電話連絡で準備をして、いよいよ旭川ダム上流にある、三休公園《みやすみ》への約束の花見の日がやってきました。

陽平がレンタカーを手配していてくれたので、まず母を車に乗せ、喜一君を自宅まで迎えに行き、初恵さんの住む塚角へと向います。五人だけの花見です。初枝さんは気を効かせて道路まで出ていてくれました。総勢五名を乗せ、車は山の中の道を通って、三休公園へと向います。

三休公園は、小高い山の斜面に道を拓き、休憩所や売店を整備した公営の公園で、斜面には桜が植栽されて、頂上付近まで登ると、真下に桜が雲海のように咲き誇るのを見ることができます。初恵さんによると「桜の雲の上にいるよう」です。

津山市からは、直線で二〇キロほどのところなのですが、私も母も、まだ一度も来たことはありません。春とはいえ、日没は早く訪れ、早くも日は西に傾いてきます。早い夕食をと、買ってきたお弁当を組み立て式のテーブルの上に開き、ままごとみたいな花の宴が始まりました。

久しぶりに会って、母と初恵さんは、積もる話に花を咲かせます。その和やかな光景は、見ている私にも、至福の時間と感じることができます。喜一君は、私より五つほど年下なのですが、昔からよく気があって、これまた男同士の話が弾みます。これにうんと若い独身の陽平が加わり、酔った弾みの話に興じます。

雨が降る前触れなのでしょうか、幾分湿った風が私たちの陣地を撫でて通り過ぎます。空気が水色みを帯びて見えるのは気のせいでしょうか。早々とライトアップされて、幾分ピンクの度合いを増した桜の花びらが風に舞い、はらはらと私たちの周囲に舞い落ちます。

盛り上がる酒宴に引き寄せられたのか、ひとひらの桜の花びらが、母のビールのコップの中へ迷い込みます。母はそれを知ってか知らずか、のどを潤して「ああおいしい」と言います。太陽は、早くも西の山の端へと傾き、空をうっすらと茜色に染めています。名も知らぬ春鳥が、群れをなして、まるで夕日を追いかけるように、木々の梢から梢へ飛び、やがてうす暗闇の中へと消えていきました。

私の心の中には、このような詩情が溢れました。

花の香に　乗せて届くは
母の笑み
風薫る　春の訪れ
待ち侘びて
ああこのまま春よ
春よ　行かないでおくれ
母と二人の　語らいのときを
そっとそのまま
見つめておくれ
ああ　春よ　春よ
邪魔をしないでおくれ

花の香に　溢れる涙は

母に似て
いつまでも　母に寄り添う
わが魂
ああこのまま春よ
春よ　包んでおくれ
母と二人の　憩いのときを
そっとそのまま
伝えておくれ
ああ　春よ　春よ
この胸の喜びを

花の香に　乗せて響くは
母の言葉
風光る　春の夕暮れ時
眩しくて
ああこのまま春よ
春よ　消さないでおくれ
母のつぶやいた　明日への希望を
そっとそのまま

包んでおくれ
ああ　春よ　春よ
永遠に生きる望みを

この詩は一部を修正し、メロディーをつけ、編曲をして音楽サイトｓｏｕｎｄｃｌｏｕｄなどにアップしています。世界中の皆さんに、聞いていただいていることでしょう。

記憶の欠片

季節は巡って、暖かくなると母の体調もよくなり、足が不自由ながらも、のんびりとした生活を送るようになりました。私は相変わらず、暇を見つけては母の元へ通うのを繰り返していました。暑い夏が過ぎ、短い秋を経て冬を迎えると、その年も暮れ、年が明けると、早いもので梅の便りが聞かれるころとなりました。

二月二六日、水曜日、小雨。ＪＲ山陽本線土山駅で、西村正子と待ち合わせをしました。荘司稔を見舞うためです。ことの成り行きは、昨年秋に倉敷で正子と会って荘司の話に及んだとき、私たちの元気なうちに、一度見舞っておきたいということになったのでした。それで先月、私が豊田市のホテルにいるときに、正子から電話がかかってきて、

「紀世子さん――荘司稔の奥さん――に電話したけど、どうしたらええやろ」

と、言います。それで、私が何回か紀世子さんと連絡をとって、西明石の病院に入院している荘司稔の面会に行くことになった次第でした。紀世子さんは、平日は仕事で行けないと言います。春の兆しが見えてきたとは言うものの、寒さがぶり返してきて、冷たい雨が降りしきるなか、タクシーを飛ばして土山病院へと向いました。

一般病棟は一階にあり、インターホンを押すと、鍵が開いて中に通されました。うがいをして手を洗い、紙に住所と名前を書いて、面会を許されました。稔さんは食事をとる車椅子の中でぼんやりと遠くを見ています。私が手を振って「マコちゃんだよ」と言うと、微かな反応を示しますが、意識的な反応はありません。

今度は、マコちゃんが「ひさしちゃんだよ」と言うのですが、やはり反応はありません。ちょっと考えたかのようですが、「分からん」と言ってそれきり、正面の一点を見つめているのです。痩せこけてはいますが、顔の艶もよく、髪の毛もふさふさとしています。若い医師が、

「脳の病気なんです。以前はよく食べていたのが、このところ食べなくなって心配です」

と、言います。お礼を言って、私たちは病院を出ました。最初、認知症病棟にいるのかと思い、所在を確かめると、個人情報なので教えられないと断られました。「奥様の許可を得ている」と言うと調べてくれましたが、入所はしていないという答えでした。

一般病棟へ電話して、やはり奥様の許可を得ていると言うと、入所していることが分かったのでした。私もそうですが、マコちゃんは、稔さんと会うのは、北島照子さんの葬式以来だと言います。

マコちゃんとは、土山の駅で別れました。実は、二、三日前に母から電話があり、見舞いをする

から、先払いをしておいて欲しいということでした。マコちゃんとの話し合いで、暖かくなったら、紀世子さんのお宅へ見舞いを持って行こうということになりました。マコちゃんによると、稔さんは、昭和一三年生まれの七七歳です。まだ若いのに気の毒なことです。

昭和二〇年、終戦直後の神戸で、孤児として収容され、いきさつは知らないのですが、妙勝寺へ保護され、母が面倒を見たのでした。ここで登場人物が出揃ったので、母が育てた子供たちのラインナップを年齢順に整理します。

荘司稔、瀬川（西村）正子、それに私たち兄弟二人です。あと二人戦災孤児がいましたが、養老院へ収容されていたので省略します。荘司稔は、記憶の泉からあらゆる痕跡を消去したでしょうか。もしも、母を連れてきていたら、有意な反応を起こしていたのではないでしょうか。私はそう信じます。母に対する記憶の欠片は、きっとどこかに眠っていたはずです。

母への手紙

三月一九日、木曜日、雨。二〇一二年（平成二四）一月二七日に、父が他界してから、もうたっぷり三年が経過しました。母も、もう若くはありません。私だって、もうあと数年で定年を迎え、いつ何があってもおかしくない年齢に差し掛かっています。案の定、私は日記を書き始めたその次の年の七月に、前立腺癌摘出の手術をしました。手術後、幸い、癌の転移は認められませんが、いつ何時、再発ということになりかねません。体の中に癌という時限爆弾を抱えているようなものです。爆発を起動させるかどうかは、神のご慈悲にかかっていると言えます。

私は、母のことを本にする作業を、日々の仕事の優先順位の上位に上げて、読書や思索やらを進めてきました。そして『青空が輝くとき』という本をまとめ、何とか先が見えるところまできました。あとは、昭和と平成の時代背景をつかめば何とかなる――最終ゴールまであと一歩まで来ています。この作業は、『昭和平成史研究序説』としてまとめることが出来たので順調に来たといえます。母も今年（平成二七年）で八七歳、そろそろ日記を閉じなければと思っています。

今日は大学の卒業式、昨晩から雨がしとしと降っています。漢詩にいう「好雨時節を知る」季節です。私は早起きをして、母への手紙を書いています。たまには、ワープロで書く手紙もいいだろうと思って。書き終えたら、印字をして封筒に入れて駅前のポストへ入れます。

「母上
だいぶ春らしくなって来ました。今年は、三月になってから寒い日が続き、あちこちで大雪、被害もだいぶ出たようですが、津山はどうだったでしょうか。南太平洋のバヌアツという島では、風速八〇メートルを超える台風が来て、大きな被害が出たそうです。
でも、季節は正直なもので、おとといあたりから、急に春の兆しが見えてきて、我が家の庭の草木も、いっせいに芽を吹き始めました。命の躍動感を感じます。今日は、大学の卒業式で、昼から名古屋へ出かけます。このところ、歯の治療で一日おきに歯医者に通っていましたが、やっと終わりました。
幸子のお父さんは、昨年いっぱいで仕事をやめ、アパートの管理などでのんびりとやっているそうです。今月の一四日には、湯河原で恒例の家族会をやりました。とても元気そうでした。今年で、九四歳になります。直子ちゃんの旦那さんも、大腸癌の手術のあとの経過はよいようです。おじいさんも、癌の手術後はかえって若返ったような気がします。そんなわけでみんな元気でやっているので、安心してください。

　荘司稔さんのことは、この前知らせたとおりですが、もう、ああなっては仕方ありませんね。マコちゃんが『久志ちゃんだよ、分かる』と言うと、『分からん』と、焦点の定まらない目で答えたのには、一抹の寂しさを感じました。

　お医者さんによると、食欲が落ちて来て、状態はあまりよくないそうです。幸子は『受け応えができるだけまだいいよ』と言います。まだ七七歳なのに残念なことです。幸子のお母さんは、もう誰の言葉にも反応しないそうです。

　それで、奥さんの紀世子さんには、もう少し暖かくなってから、自宅に会いに行こうと思っています。まだ先の話ですが、大型連休の頃にするつもりです。津山に行ったついでに、マコちゃんと一緒に行ってきます。正道――本書には登場の機会がありませんでしたが私の息子です――も元気でやっているので安心してください。一三日には、幸子と一泊で埼玉へ会いに行ってきます。最近、大学の教師も、上からのお達しごとが多くて、いろいろとしなければならないことが増えて、慌しい毎日を送っています。世知辛い世の中になったものです。桜が咲く頃には、一度行きたいと思っています。去年生まれた猫が、大きくなって家の中で大暴れしています。それではお元気で」

日記のおわりに

「はじめに」で書いたように、この本の元になっている『碧空日記』のシリーズは、諸般の事情から、終わりとなりましたが、まだ正直、踏ん切りはついていません。というのも、癌の摘出手術以降、現在になって、いろいろとやる気が出てきて、「あれもやりたい、これもやりたい」と、なかなか時間が取れないというのが、第一の理由です。でも、母に、これからもうんと長生きしてもらいたいし、日記も長く続けたいという気持ちも、また正直なところあります。

第二の理由は、四月の初旬に、母の弟の稔さん――荘司稔と同名――が急逝したことです。母の落胆振りは言うまでもありません。度々電話がかかってきて、私が電話を受けたわけではないのですが、

「私より若いのに、早よう逝ってしもうた。あとは私と初恵だけじゃ」

とか、

「骨の胃の辺りに黒いものがあった」

など、弟を惜しがる気持ちは、筆舌に尽くせません。何とか慰めてやりたいのですが、新年度で忙しくて、なかなか気が回りません。まだまだ、母のもとに通わなければなりません。でも、これまでとは、違う気持ちで接しなければとは思いますが、さてその辺がよく分らないのです。それが第二の理由です。そして第三の理由は……、それは書かないでとりあえず、筆を置くことにします。

二〇一五年四月　桜が散り新緑の若葉の藤枝市にて

あとがき

日記は、このあと一文字も記されていません。別に、何か特別なことがあったわけではなく、同じような平凡な暮らしが続いているため、父親が逝去したときに計画した、私のわが母の記は、その当初の目的を果たしたと考えたからでした。昭和と平成の残像も、不十分ながら描けたと思います。本書は研究書ではないので、この辺でお許しいただけたらと思います。

思えば、母は昭和恐慌の傷跡深い農村で生を受けて、幼少期を過ごし、戦時体制へ突入する帝国主義的膨張期の社会を垣間見ながら、多感な青春時代を過ごし、戦争の傷跡覚めやらぬ時代に、寺庭婦人として、戦災孤児を含む四人の子育て、ついで孫を育て、ひ孫の世話をして、気がつけば最愛の夫を見送り、俳句とお花と書の趣味に、何一つ愚痴を言うでもなく、余生をたんたんと生きています。

私は、母のことを思うにつけ、この世の中を実に悲しく感じることがあります。母は、私が本書を書いていることを知っています。だから、ことあるごとに昔話をしてくれるのでしょう。

「もういつ死んでもええ」
「お父さんあとから行くけんな」
「あんた、私の墓をしっかり見てんな」
と口癖のように言うのですが、「本が出来るまでは絶対に死なんぞ」と頑張ってくれているのでしょうか。母の口から出る昔話は、私にとって子守唄であり、叱責の言葉でもあります。

この本の表紙は、母が志を決めていて、戦争のために果たせなかった洋裁の世界を示すイメージとしました。戦争によって壊された母の夢を女性らしい色合いで包みました。折鶴は平和を祈念しています。この本の出版スケジュールにあわせて、母の肖像画を描いてくれたのは櫻井節子さんです。見返しの写真がそれで、これは塩出池へ母を伴って行ったときのものです。

月光仮面になった母

さて、予定していた紙幅を大幅に過ぎてしまったので、簡単なまとめをして終わりたいと思います。人には母があり、母とはどんな存在なのか、それは、人それぞれに異なっていると思います。それでいいのでしょうが、私が本書を書くために参考にして本の中で、一番感銘を受けたのが、川内康範の『おふくろさんよ』と、最近他界した高倉健の『あなたに褒められたくて』の二冊です。川内康範は、私と同じ日蓮宗の寺院の生まれで、東京へ出て苦労をして、あの森進一のヒット曲「おふくろさん」の詞を書いた人です。

何年前だったか、この歌を森進一が紅白歌合戦で歌うために、歌のイントロに、無断で――森の事務所は康範に伝えるつもりだったらしいのですが――せりふを入れたのが、康範の逆鱗《げきりん》にふれて、歌唱禁止にいたる事件です。

康範の母は、戦前の貧しかった時代に、檀家がお供えに持ってきた食べ物を、浮浪者が集まるドヤ街へ行っては、分け与えていたそうなのですが、そんな母の「人に分け隔てなく愛する」姿勢を見て育った康範は、世の中の傘になり、愛をともそうと、血を売り新聞配達をしながら、人々を勇気づける映画のシナリオライターを目指して苦学したのでした。

そうして、結実したのが「おふくろさん」でした。どうでしょうか、康範ならずとも、その命よりも大事な歌詞を、無断で修正して歌うなど、許されるはずはありませんね。私も同じことをしたでしょう。康範は生活費を工面するために、血を売っていたのですが、ある病院で、血を提供した相手の病人が貧乏で、お金が払えないことを知って、康範は何も言わず、ベッドを抜け出し、その場を去ったといいます。

これが月光仮面へと繋がっていくわけです。「疾風《はやて》のように現れて　疾風のように去っていく」オートバイに乗った月光仮面です。そういえば、『月光仮面の経済学』という本を書いた経済学者がいましたね。私もよく知っている金子勝です。

人の不幸に付け込んで売名行為をしたり、金儲けをたくらむ、はては詐欺を働く醜い世の中になり下がった今、私たちはもっと、母から学んだことを、かみ締める必要がありそうです。どこでどう舵取りを間違えたのか、戦後の日本は「不幸便乗型資本主義」へと変質したようです。

孫悟空の手のひら

もう一方の、高倉健の『あなたに褒められたくて』は、とにかく、母から褒められたい一心で、網走番外地ほかの主演男優として、俳優業をまい進した心情がよく書かれています。

西遊記の第三話「釈迦の手のひら」をご存知でしょうか。大暴れする孫悟空も、結局は、お釈迦様の手のひらには勝てず、そこから出られなくなったという話です。私たち男児一同も、自分ひとりで大きくなったような顔をして、好き勝手なことをしたり言ったりしていますが、孫悟空と同じで、所詮は母の手のひらの中で右往左往しているのが、人生の中身なのではないでしょうか。

女性の読者はどう思いますか。さすがの健さんも、こと母となると「褒められたい一心で宿題をせっせとやる」孫悟空なのですね。それは、私とて同じことです、大学教授を気取って、学生の前では偉そうなことを言っていますが、母からお小遣いをもらいたくていい子ぶっている、無意味に年ばかり食っているやんちゃ坊主に過ぎません。

母にかっこいいところを見せようと、私は、小学校六年生のときだったか、当時映画上映されていた赤胴鈴之助のまねをして、刀を脇に差して通りを駆け回っていたそうです。なんともはや、それは、今も同じで、正義の味方よろしく、大上段から「真空切り」をまねて経済理論を振りかざし、世のため人のためにと、ただただ母に褒められたくて、右往左往しているのです。そして気がついてみれば、母の小さな手のひらを一歩も出てはいないのですから滑稽です。

昭和と平成の残像

とはいえ、母は女性であり、お釈迦様ではありません。母の女性としての生き方について、いろいろと振り返ってみたわけですが、私が、母から受けた大きな影響のもうひとつは、母のように優しく、凛として信念のある、そして、おまけに、可愛い女性に心を引かれるということを述べて、終わりにしたいと思います。

私は、根っからのサユリスト——女優吉永小百合の熱烈なファンのこと——ですが、殺伐としたこの世に、一輪の野菊の花のように、心を和ませてくれるのが女性ではないでしょうか。この表現が問題であることは知っています。でも、私の内的な世界ではそうです。本書の主題が、日本型エディプス・コンプレックスであるので、触れないわけにはいきません。

昭和から間に戦争を挟んで、平成へと流れた時代は、女性がたくましくなった時代でもあります。二〇歳前で嫁ぐ相手が決められ、一生を寺庭夫人として過ごした私の母には、まったく関係のない話のように聞こえます。この本の冒頭で、エディプス・コンプレックスなどという、おどろおどろしたテーマを出して、読者を心配させたことをお詫びします。でも、終わってみれば、意外と健全な母親観であったことに気づかれたことと思います。このような母親観を、何年か前に、私の隣に研究室を持つアメリカ人に話したところ、「アメリカだって同じだよ」と話してくれました。地球上どこへ行ったって、同じなのかもしれません。

思えば、貧しかった昭和の初期から、太平洋戦争の苦い経験を教訓に、経済的繁栄を手にした日本人が、母にさえ手を下し、金儲け主義に走る虚構の繁栄に浮かれ酔う輩になり下がったことと、母の存在を省みなくなったこととは、奇しくもメダルの裏表のような関係にあるとは言えないでしょうか。

川内康範や高倉健同様、母のありがたさを噛みしめ、権力や地位、名誉に迎合せず、いつも横目線で周囲を見渡し、人と行きとし生きるものを愛することを美徳とし、病気と失敗を恐れず、身を飾らず虚飾を捨て「己を責めて、人を責むるな。及ばさるは過ぎたるに勝れり」——徳川家康の人生訓――を肝に銘じて、母の手のひらの上で努力したいと思います。家康もまた母から学んだことを人生で実践したのでしょうか。

私は、近く、母の菩提寺となる藤枝の寺院に墓石を建立します。ここは、誰からも邪魔されることのない、私たちの永遠の棲家となる予定です。

平成二八年五月一日　新緑の候

参考文献

I・イリイチ（著）、玉野井芳郎（翻訳）『ジェンダー―女と男の世界』岩波書店、一九八四年
妙木浩之『エディプス・コンプレックス論争―性をめぐる精神分析史』講談社、二〇〇二年
井上靖『わが母の記』講談社、二〇一二年
ねじめ正一『母と息子の老いじたく』中央公論新社、二〇一一年
谷崎潤一郎『少将滋幹の母』新潮文庫、一九八七年
高倉健『あなたに褒められたくて』集英社文庫、一九九三年
星野哲郎『演歌・艶歌・援歌―わたしの生き方・星野哲郎』毎日新聞社、二〇〇一年
川内康範『おふくろさんよ　語り継ぎたい日本人のこころ』マガジンハウス、二〇〇七年
三浦綾子『母』角川文庫、一九九六年
秋川リサ『母の日記』NOVA出版、二〇一四年
イヴォンヌ・クニビレール、カトリーヌ・フーケ『母の社会史』筑摩書房、一九九四年
秋月佳光『寺族の風景―知っておきたいお寺の裏側と本当の仏教』鳥影社、二〇〇〇年

【著者プロフィール】
瀬川　久志（せがわ・ひさし）
1948年　岡山県生まれ
東海学園大学経営学部教授　博士（環境マネジメント）
文学・環境学会会員
著書
『躍進する風力発電』大学教育出版（2011年）
『磯の香りの謎殺人事件』文藝書房（2011年）
『リオの蝶殺人事件』文芸社（2011年）
『野獣の美学殺人事件』文芸社（2011年）
『ロビンソンクルーソーの経済学』新水社（2012年）
『世の中が透けて見える方程式』セルバ出版（2012年）
『Hyper Space Journey恋の宇宙遊泳』グッドタイム出版（2013年）
『三日月幻想曲』グッドタイム出版（2013年）
『青空が輝くとき』ブイツーソリューション（2013年）

母　昭和と平成の残像

2016年9月16日　初版第1刷発行

著　者　瀬川　久志

発行所　ブイツーソリューション
〒466-0848 名古屋市昭和区長戸町4-40
電話 052-799-7391　Fax 052-799-7984

発売元　星雲社
〒112-0005 東京都文京区水道1-3-30
電話 03-3868-3275　Fax 03-3868-6588

印刷所　渋谷文泉閣

ISBN 978-4-434-22337-2